SU GUÍA DE INVERSIÓN INMOBILIARIA EN LA FLORIDA

Poseer, Invertir y Disfrutar
el Estilo de Vida de la Florida

PARA LOS COMPRADORES GLOBALES

Coordinadora y redactora jefe: Natalie Revie

Traductora: Anelly Alfaro Schwab

Editora: Adriana Robledo

Cubierta y diseño interior: Vanessa Maynard
Esta obra ha sido traducida al español por Anelly Alfaro Schwab MBA,
Traductora Certificada de la ATA inglés al español, y editada por Adriana
Robledo, Master en Educación

QUIÉNES SOMOS

Tanto Lee como Lisa Mirman tienen una Maestría en Administración de Empresas (MBA, por sus siglas en inglés) de la Universidad de Duke y en conjunto tienen más de 30 años de experiencia en el sector Inmobiliario de la Florida. Su empresa líder en el mercado de bienes raíces, «Investments in Sarasota», es ganadora del Premio Cinco Estrellas por ser la «Mejor en Satisfacción al Cliente», año tras año. Juntos viajan por todo el mundo, recolectando una perspectiva global de las necesidades de sus clientes y de sus factores motivadores. Su amplio conocimiento y confianza en la seguridad y la oportunidad del mercado de propiedades inmobiliarias de la Florida se ha manifestado en el establecimiento de su propio fondo de inversión inmobiliaria para los inversionistas extranjeros.

Lee es un agente inmobiliario con amplia experiencia en finanzas, economía, y capital de riesgo. Trabajó para el Chase Manhattan Bank de Wall Street, y ha fundado diversas entidades de capital de riesgo en los EE. UU., Europa y América Latina. Debido a su visión estratégica y a su ética profesional, el Congreso de los EE. UU. lo ha honrado como «Héroe de la Pequeña Empresa». Lee ha compartido sus conocimientos en conferencias por todo el mundo y es considerado como el experto principal en el campo de inversiones inmobiliarias de la Florida.

Lisa trae una maestría en las áreas de mercadotecnia, de comunicaciones, y de tecnología. Ella también posee un historial premiado en los ámbitos corporativos y en la creación de pequeñas empresas emprendedoras. Ella es agente inmobiliario y por más de una década ha trabajado para implementar estrategias innovadoras en el ámbito internacional de la publicidad, así como procesos de venta, con objeto de brindar un servicio óptimo a los clientes de propiedades inmobiliarias. Lisa habla español con fluidez y es graduada de la Universidad de Chicago, la cual clasifica entre las diez mejores universidades estadounidenses.

Lee y Lisa aman vivir en la ciudad de Sarasota, Florida con sus dos niños y su perro bernés de la montaña. Siendo practicantes de yoga avanzados, se dedican a expandirse continuamente en la unión de mente, cuerpo y espíritu. Además abogan con entusiasmo por los principios de la conciencia medioambiental, el bienestar y la salud holística, y un estilo de vida consciente.

¿Quién es USTED en el MUNDO?

En la mayor parte de este libro, nos referimos a ciudadanos del exterior de los Estados Unidos, quienes vienen a invertir en nuestro mercado de propiedades inmobiliarias como compradores GLOBALES. Utilizamos la palabra GLOBAL porque pensamos que tiene un tono muy positivo y receptivo. En ocasiones, también podríamos utilizar EXTRANJEROS o INTERNACIONALES. Cuando lea otros recursos, específicamente aquellos que se refieren a asuntos de inmigración o de procuración de visas, usted puede encontrarse con la palabra «ALIEN». Todas estas palabras se utilizan de manera intercambiable en inglés.

¡Un brindis por todo lo que va aprender para seguir adelante y comprar!

AGRADECIMIENTOS

La alegría más grande de nuestro trabajo proviene de desarrollar relaciones duraderas con clientes por todo el mundo. Apreciamos realmente el color y las perspectivas que cada uno de ustedes ha aportado a nuestras vidas personales y profesionales. Nos emociona ser sus socios inmobiliarios, ya que continuamos aprendiendo mientras les proveemos servicios con cada transacción distinta. También, nos sentimos inmensamente recompensados al ver la alegría que el estilo de vida de la Florida trae a sus familias, de cualquier manera en que esto tenga significado para usted.

Estamos encantados de agradecer a esos profesionales junto con quienes hemos aprendido y crecido a través de los años. Es su maestría e integridad, junto con el tiempo en que hemos compartido una «experiencia directa de la trinchera», que nos ha preparado con el conocimiento y la experiencia para escribir esta guía.

Robert S. Ludwig,
Presidente, Ludwig-Walpole Insurance Agency

Juan C. Villaveces,
Abogado Especialista en el Derecho Inmobiliario, Certificado por el Colegio de Abogados de la Florida y Socio de la firma Shumaker, Loop & Kendrick, LLP

Sean W. Martin,
Propietario/Presidente, de Martin Funding

Shelly Parmet-Evans,
CPA y Accionista de Piper, Hawkins & Company

Además, tenemos dos mentores extraordinarios, quienes poseen talentos que no son específicos al campo inmobiliario pero cuya sabiduría nos ha dirigido a un lugar en donde practicamos la vida consciente, abundante, y sana:

Linda Sherr, por iluminar nuestra trayectoria personal y profesional en la vida con esmero implacable hacia nuestro crecimiento, paz, y claridad.

A la Dra. **Sharon La Rosa**, por su ayuda, siempre presente, para con toda nuestra familia, para asegurar nuestra salud vibrante y bienestar holístico.

Gracias, **Natalie Revie**, nuestra amiga, colega y redactora, cuyos talentos trascienden muchas disciplinas. ¡Te elogiamos por tus capacidades en los muchos dominios en los cuales nos has apoyado, y anticipamos tener muchas más ocasiones de colaborar fructuosamente contigo en el futuro!

Anelly Alfaro Schwab y Adriana Robledo, apreciamos tanto la cautela genuina con la que abordaron esta versión en español de nuestro libro. Su colaboración concienzuda y atención a los detalles produjo una traducción de la cual todos podemos sentirnos orgullosos de compartir con nuestra comunidad de habla española.

¡Finalmente, honramos el papel fundamental de amor y de ayuda que nuestras familias han desempeñado a través de nuestras vidas, y aquí compartimos nuestra gratitud sin fin, de cómo nos esculpieron en las personas en quienes somos hoy! Namaste.

CONTENIDO

2. EL PROCESO DE COMPRA

3. SER PROPIETARIO DE UNA VIVIENDA EN LA FLORIDA

PRÓLOGO

Históricamente, la Florida siempre ha sido igualmente favorecida a nivel global por inversionistas de propiedades y turistas. Una gran parte de la atracción de la Florida se encuentra en su magnífico clima subtropical, las aguas del Caribe, y el sol brillante. Siempre habrá una abundancia de personas procurando viviendas para tomar vacaciones durante los días feriados, para alquilar durante las vacaciones y para pasar temporadas en el estado del Sol Brillante, escapándose de climas más fríos de otras partes. Esto-además de leyes impositivas favorables y de garantías para los dueños de propiedad-forma un cimiento sólido y seguro para el mercado de propiedades de la Florida. Y esto no sólo hace que sea una gran inversión y una gran opción financiera para su residencia principal, si así usted lo decide, sino que es una opción de estilo de vida de calidad insuperable, en nuestra opinión.

En tiempos recientes de turbulencia económica, se han presentado grandes oportunidades para adquirir valor-si bien a razón de fluctuaciones en las divisas otorgando a compradores extranjeros una ventaja en el precio por pagar-o por la caída en los precios de las propiedades, lo que ofrece un estilo de vida sumamente asequible en la Florida. Los inversionistas conocedores se han lanzado a mover su dinero, hacia lo que fue un mercado levemente deprimido después de la explosión de la burbuja inmobiliaria. Ahora, a medida que el mercado se recupera y encuentra su equilibrio, existe todavía una disponibilidad de oportunidades. Y para los inversionistas internacionales con la información correcta a mano, existen algunas magníficas oportunidades de alcanzar retornos financieros a largo plazo, tanto como, un pedazo de nuestro invaluable estilo de vida de la Florida.

Aunque la Florida ha podido siempre jugar con la baraja del clima, y no dudamos que habrá siempre una abundancia de clientes debido a las ventajas que la Florida ofrece, sentimos que una gran cantidad de personas se lanzan dentro de los mercados de las propiedades de la Florida mal informadas, mal aconsejadas, o ambas. Es un estado enorme, y existen miríadas de micro-mercados, los cuales necesitan ser entendidos íntimamente para poder ejercer una opción que lo conlleve a la propiedad ideal para usted. Usted necesita considerar no sólo sus dólares de inversión, pero también las necesidades de su familia y la forma de vida que usted desea. Conseguir el equilibrio de estos factores es una forma de arte, algo en lo cual somos versados. Pero demasiado a menudo vemos a compradores quienes caen como presa de los agentes, de los Realtors®, o de los vendedores de seguros sin escrúpulos o incompetentes, y por consiguiente, toman decisiones pobres basadas estrictamente en una carencia de información o en información falsa.

En esta guía proporcionaremos una abundancia de información espigada sobre tres décadas en el mercado de propiedades de la Florida. Nos esforzaremos por dirigirlo a través de las aguas procelosas de la compra internacional de un bien inmobiliario en el estado de la Florida, con objeto de que usted entienda cada paso, y pueda estar mejor capacitado para tomar decisiones inteligentes, lo que le permitirá disfrutar de todas las cosas maravillosas que acompañan la compra de una rebanada del sueño de la Florida.

También nos esforzaremos por encontrar el Realtor® adecuado, para que lo represente en su búsqueda, a través del **Programa de Remisión de Realtors® de Inversiones en Florida** en ***www.InvestmentsInFlorida.com*** una red de remisión de profesionales inmobiliarios a quienes hemos investigado personalmente. Ellos son profesionales en su campo, quienes creemos ser los mejores en su especialidad para esta área de negocio. Principalmente, deseamos proporcionar una información correcta y fiable, de modo que cuando usted venga a realizar la opción de una propiedad, usted lo esté haciendo desde una posición informada con el buen conocimiento de los procesos implicados, los peligros latentes de los que debería estar enterado, y de las preguntas que debería hacer a todas las personas implicadas: desde su Realtor® e inspectores, a sus vendedores, y al agente de formalización.

Hemos estado en este juego por muchos años-35 de hecho. Lo hemos visto todo: desde personas quienes realizan la inversión correcta en una propiedad, la cual crecerá y acumulará equidad para el futuro de sus hijos y nietos, hasta las personas de quienes se han aprovechado, tenían en su poder información escasa, y han perdido hasta medio millón de dólares en un solo año, al haber comprado una vivienda. Mayormente, lo que hemos aprendido en 40 años es que el conocimiento es poder. Y en propiedades inmobiliarias, el conocimiento es polvo de oro. Esperamos que esta guía le ayude a encaminarse hacia un futuro como inversionista informado y versado en el mercado de las propiedades inmobiliarias.

EL PROBLEMA DE LA DESINFORMACIÓN

Todo el mundo está envuelto en el negocio de la información. Y a los consumidores hoy les gusta beberse la información como si fuese agua y hubiesen acabado una excursión de 10 horas por el desierto. Ahora todo el mundo es un experto en todo. El problema es que la mayoría de la información que se consume es inexacta, y la mayoría de las personas quienes venden o comparten la información también están mal informados. Recientemente, fuimos corregidos por una lectora de nuestro boletín de noticias, cuya circunstancia única no aplicaba a nuestra declaración, hecha en general. Después de investigar «extensamente» ella encontró una respuesta que se adaptaba más a sus necesidades. Y en eso reside el acertijo: ¿es la situación de cada uno tan única, o tan solo son ellos los que piensan que lo es? Para la mayoría de las personas la respuesta es no: su situación se ha experimentado anteriormente. Sí, hay torceduras, matices, y vueltas, pero un experto tendrá la experiencia para encontrar la solución. Muchas de las soluciones ya se han creado, cada uno de nosotros no necesitamos reconstruir la rueda.

Lo que necesitamos hacer es buscar el consejo y la dirección de individuos quienes son realmente hábiles en lo que ellos hacen y pueden proporcionar la solución al problema. Estamos en el negocio de las relaciones y enfatizamos en varias ocasiones cada día que trabajamos con personas a quienes conocemos, apreciamos y en las que confiamos y quienes poseen una maestría probada. El punto es que en el momento en que usted contemple su próxima compra de una propiedad en los Estados Unidos, y en la Florida en particular, es fundamentalmente importante conseguir buen asesoramiento para esta transacción, y esta información puede ser diferente a la de su compra anterior en la Florida, o a la de su próxima compra en la Florida. Necesita ser actual, relevante, y oportuna; información que solamente un experto, y no los artículos o la búsqueda por internet, puede proporcionar.

Esta clase de consejo matizado se basa en mucho más que una solución generalizada para todos. Se basa en lo que usted está comprando, en lo que usted espera obtener de su adquisición, y en sus propias circunstancias de vida en el momento. ¿Es esta propiedad para la inversión? ¿O un lugar de residencia para sus hijos mientras ellos asisten a la universidad en los EE. UU.? ¿Es para arrendarla ahora y vivir en ella más adelante? ¿Están ahora todos sus hijos crecidos, mientras que su última compra ocurrió cuando ustedes todavía tomaban vacaciones juntos? ¿Tiene usted tal vez mucho más dinero que anteriormente?

Este libro le ayudará a establecer un entendimiento de línea de base acerca del estado actual del mercado y le dará el conocimiento para salir adelante con confianza. Nuestro mantra de negocios es el de conseguir la buena información de modo que podamos tomar decisiones de manera informada.

Conocemos a demasiada gente quienes han tomado la opción incorrecta, debido a la mala información-a veces por la avería de otros y a veces por su propia falla-o por no seguir a sus instintos. Recuerde, todo el mundo se encuentra en el negocio de la información y tiene algo para vender. Su trabajo es el de conseguir la mejor información disponible en lo que concierne a su condición.

La Historia Más Breve de la Florida

No somos historiadores, así que seremos breves. En 2013, la Florida celebró los 500 años de sus primeras transacciones de propiedades inmobiliarias. ¡OK, aquello no es necesariamente el caso, y estamos seguros de que existen muchas interpretaciones de la historia! Los colonizadores españoles establecieron la ciudad de San Agustín en 1565, pero se han registrado exploraciones anteriores en el área desde 1513 - mucho antes que las de los celebrados primeros colonizadores de Nueva Inglaterra quienes zarparían en el noreste de los Estados Unidos más adelante en 1620. Al igual que en el caso de la historia sangrienta del Nuevo Mundo, era una situación brutal, según el principio de «primero en llegar, primero en ser atendido». Si usted había llegado en una embarcación a descubrir un lugar, el hecho de que allí había poblaciones indígenas era irrelevante, porque no eran visibles. Usted lo reclamaba como suyo.

Los colonizadores españoles gobernaron el estado desde San Agustín, lo que formó parte del Virreinato de Nueva España, de Cuba y del Imperio español hasta 1763, cuando España cedió a la Florida a los británicos a cambio de que Cuba fuese devuelta a los españoles. Al final de la Guerra de Independencia de los Estados Unidos en 1783, Gran Bretaña cedió el control de la mayor parte de la Florida de nuevo a los españoles. La Florida finalmente se convirtió en parte de los Estados Unidos en 1819, cuando los Estados Unidos y España firmaron un tratado que entregaba a la Florida a los EE. UU. La Florida adquirió su categoría de estado en 1845, convirtiéndose en el vigésimo séptimo de los Estados Unidos, y así nació la Florida moderna-con una mezcolanza de culturas, religiones e historias que todavía están en evidencia hoy.

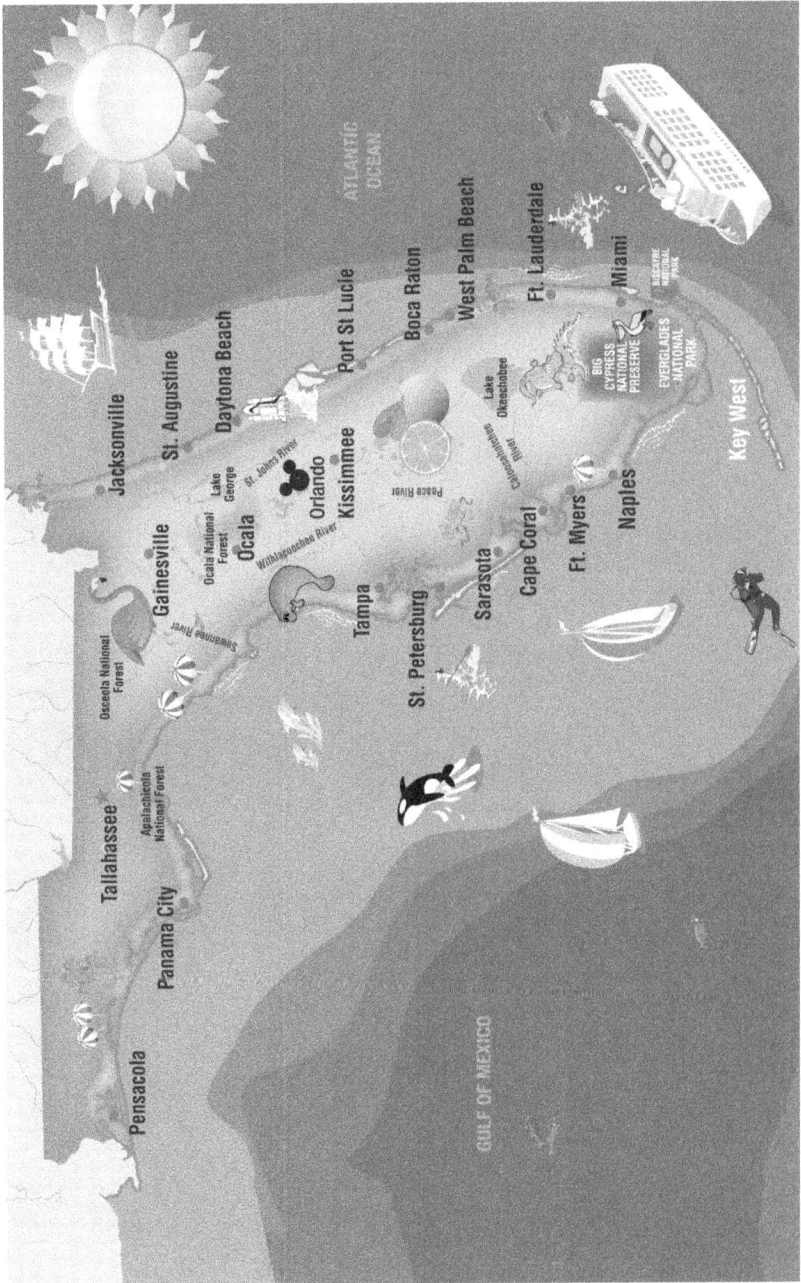

¿POR QUÉ INVERTIR EN LA FLORIDA?

Estilo de Vida: Vivir en América y en una Cultura Familiar

La oportunidad de vivir en los Estados Unidos es para mucha gente un sueño de toda la vida, ofreciendo no sólo estabilidad política, oportunidad y seguridad económica, pero la mejor educación y medicina a nivel mundial, algunas de las más espectaculares maravillas del mundo, e incentivos financieros para negocios y empresarios.

Además, para muchas de las personas que eligen comprar propiedades en la Florida existe cierta familiaridad cultural con la Florida-ya sea por hablar el idioma, tener familia aquí, o por haber vacacionado extensivamente en el estado. Más del 44 por ciento de la población de la Florida es de descendencia europea, es el tercer estado más poblado en los EE. UU., y es el destino más popular para los visitantes de los Estados Unidos: lo que significa que existe a menudo una familiaridad subyacente para la mayoría de las gentes de Europa y de América Latina. Recuerde, comprar en la Florida es también una inversión en el estilo de vida. La vida en la Florida es relativamente fácil comparada a muchos lugares en el mundo, y el estilo de vida es uno de los mejores en la tierra, en nuestra opinión.

Ubicación y Clima

La verdadera razón por la que la gente viene a la Florida a comprar y a poseer propiedades es porque, por 60 por ciento del año, el tiempo es mejor aquí que en muchas de las alternativas. Ningún hielo en que resbalar, ningunas nubes ni días grises, y muchas actividades a lo largo de todo el año. Además de 1.200 millas de litoral, y de 663 millas de playas para disfrutar.

Las partes norte y central de la Florida son subtropicales, y el sur de la Florida es tropical. Esto significa que la mayor parte de la Florida goza de temperaturas entre 10 y 33 grados centígrados durante todo el año, y tiene aguas cristalinas, para nadar durante todo el año. Esto contribuye a más que a un clima agradable: también afecta la economía del estado perceptiblemente.

Esto es de importancia considerable para los inversionistas de las propiedades inmobiliarias: es más probable que las áreas que experimentan crecimiento firme y constante exhiban un desempeño constante como inversión. Y la Florida-agraciada por su clima asoleado-goza de un excelente mercado de propiedades de alquiler y de una afluencia de turistas cada año, así como un flujo constante de jubilados y de dueños de una segunda vivienda, con miras a escapar de los inviernos deprimentes de otras partes de los Estados Unidos, o del mundo. Además de tener un clima favorable y de más de 300 días de sol brillante al año, la Florida es también fácilmente accesible desde la mayoría de los destinos internacionales, y se jacta de una abundancia de atracciones naturales, así como de muchas atracciones turísticas de fama mundial creadas por el hombre.

Mientras que Disney es-y siempre será-un atractivo fantástico para el estado, algunas veces el esplendor de la Florida es pasado por alto en su comercialización y percepción globales. Mucha gente que conocemos cuando viajamos alrededor del mundo se sorprenden al enterarse de que además de conocer al famoso ratón, pueden también nadar con los delfines, ver a los manatíes nadar en nuestras aguas, y experimentar la paz gloriosa de nuestro Parque

Nacional de los Everglades-uno de los ecosistemas más diversos en la tierra. Ésta es la Florida que habla a los corazones, la Florida que se pasa por alto a veces, y la Florida que-en nuestra opinión- convierte a los que vienen de vacaciones en compradores, residentes, e inversionistas de nuestro increíble estado.

Finanzas: Ser Dueños de Inversiones en Dólares Estadounidenses

Para mucha gente, existe un factor financiero de gran importancia que influye en su decisión de comprar aquí, además de las ventajas del estilo de vida. Como punto de partida, ser dueño de un bien inmobiliario en los Estados Unidos le permite dos cosas: Invertir en un activo inmobiliario así como ejecutar la inversión en dólares estadounidenses. La Florida entonces ofrece endulzaduras adicionales a sus compradores de bienes inmuebles: ningún impuesto estatal sobre el ingreso personal, y la exención de los impuestos residenciales. Agregue a esto el seguro de título de su vivienda-con objeto de que nadie pueda disputar su propiedad (eficazmente, se asegura que usted es dueño de la propiedad) - y la plena transparencia en transacciones inmobiliarias, y usted tiene un conjunto de servicios atractivo.

Transparencia

En los EE. UU. las transacciones inmobiliarias son muy transparentes. Esta es la razón por la cual ponemos énfasis en primero encontrar al Realtor®. Un nuevo contrato para la venta o alquiler de un inmueble se requiere que sea publicado al servicio del listado múltiple en el plazo de 24 horas, de modo que los contratos activos estén disponibles para todos los agentes. Esto es diferente de lo que sucede en muchos otros países, en donde los compradores tienen que ir de agente a agente para encontrar una propiedad. Cada Realtor® tiene acceso a todos los contratos de venta o alquiler de bienes inmuebles en su zona geográfica y puede asistirle en la compra de cualquiera de ellos.

NOTA DE LOS AUTORES

LA FLORIDA NO TIENE NINGÚN IMPUESTO ESTATAL SOBRE LA RENTA

La Florida es uno de los pocos estados en los Estados Unidos que no impone un impuesto sobre la renta a sus residentes. Esto significa que, si usted toma un trabajo o realiza ganancias en la Florida, usted va a ahorrar por no tener que pagar impuestos estatales en su renta. Esto es un tremendo atractivo, tanto para los compradores globales como para los estadounidenses. Tenemos un número de clientes quienes establecen su residencia en la Florida, ya que esto les ahorra muchos dólares en sus impuestos. Debemos estar claros en que usted todavía necesita pagar impuestos federales sobre la renta.

LA ECONOMÍA DE LA FLORIDA

La economía de la Florida se está fortaleciendo, con el establecimiento de oficinas bases de muchas compañías grandes y corporaciones estadounidenses en el estado. Esto sirve para inyectar a la economía entera, con altos niveles de empleo comparado a los de muchos otros estados, un cociente de ingresos superior al promedio, y el gasto de más dinero en actividades de entretenimiento y de ocio.

El Producto Interno Bruto del estado ha continuado creciendo constantemente a través de los años de la recesión. Todos estos factores se combinan para hacer de la Florida un buen lugar en donde poner su dinero. La economía del turismo también está creciendo año tras año. En 2012, el número de turistas que visitaron la Florida aumentó por un 2,3 por ciento del año anterior, a una cifra inigualada de 89,3 millones de visitantes. También fue el segundo año consecutivo en que el número de visitantes a la Florida sobrepasó a la cifra de 2 millones de personas. Eso es un desempeño bastante impresionante, después de la incertidumbre económica global evidente en muchas otras industrias en los pasados cinco años.

El aumento en el financiamiento para la campaña VISIT FLORIDA, la cual es respaldada por el estado ha dado como resultado, que la Florida sea el lugar número uno para visitar en el mundo. Y todo esto es una gran noticia para los inversionistas, ya que los visitantes internacionales también aumentaron un nueve por ciento excediendo a los 10 millones. Pensamos que a usted le sería difícil encontrar una economía, o ubicación más saludable, en el mundo entero, para invertir en el presente.

ALGUNAS ESTADÍSTICAS RELACIONADAS CON LA INDUSTRIA EN LA FLORIDA

- La Florida es un centro para las ciencias de la vida con mil empresas biotecnológicas y farmacéuticas registradas en el estado y una nueva «Ciudad Médica» para los consumidores, llamada Lake Nona, la cual está bajo construcción justamente en las afueras de Orlando

- La Florida ocupa el segundo lugar en los Estados Unidos en el sector aeroespacial y de la aviación, con la presencia de 2.000 compañías

- La Tecnología Informática es un sector enorme en la economía de la Florida con la presencia de 25.000 compañías en el estado

- El sector más grande de la Florida, de servicios financieros y profesionales, consiste de 122.000 compañías.[1]

PRECIOS DE LAS PROPIEDADES

Con los precios de las viviendas a la derriba en la mayoría de las zonas durante la crisis económica global, los viviendas de la Florida llegaron a ser a menudo extremadamente asequibles con respecto a otros países. En particular, la calidad de vida ofrecida por el «precio» parece ser realmente excepcional para muchas personas en comparación con lo que reciben en sus países. Durante el período en el cual el mercado estaba bien deprimido-es decir, cuando algunas personas debían más en sus viviendas que el valor real de las mismas-había viviendas dramáticamente asequibles puestas a la venta en el mercado, presentando oportunidades para los compradores extranjeros quienes podían pagar en efectivo.

A medida que el mercado se ha estabilizado existen menos de estas propiedades, lo que es beneficioso para el bienestar de nuestra economía, y también significa que la mayor parte de los compradores del exterior- quienes estaban comprando franjas de propiedades e inflaban los precios-se han dirigido a otros mercados más deprimidos para encontrar sus oportunidades. Esto es bueno para los compradores internacionales quienes están mirando ahora, ya que los precios-aunque están estables-no están escalando tan rápidamente como lo hacían en los últimos 12 meses, permaneciendo a flote con ayuda de los compradores institucionales. La propiedad adquirida en estos momentos está en un valor justo y estable, ganando valor constantemente, y a largo plazo-siempre y cuando usted compre la vivienda adecuada-esto siempre le devengará un buen retorno.

Los precios todavía ni siquiera están cerca del nivel alcanzado en la cúspide del 2005, así que usted todavía está obteniendo buen valor, si compara lo que usted puede adquirir ahora, a lo que usted habría podido comprar hace siete años. Y, aunque usted no pueda determinar el tiempo preciso en que el mercado estará en su favor, algunos compradores globales son los beneficiarios de la fuerza de su divisa contra el dólar. Sin embargo, los compradores deben cerciorarse de que el precio de etiqueta de la propiedad que están comprando ofrece el valor real por el dinero, y es adecuado, con base a comparaciones en el mercado local, ventas recientes, y al valor de características esenciales. La única manera de asegurarse de esto, como hemos dicho antes, es cerciorarse de que usted tenga el Realtor®, cuyo conocimiento del área local y experiencia sea excelente.

ESTUDIOS DE CASOS

ESTUDIO DE CASO NÚMERO UNO: INVERSIONISTA/VACACIONANTE

Mark y Emily Brightman, y sus hijas de las edades de ocho, seis y dos años son de Berkshire en Inglaterra. Descan utilizar la vivienda por tres semanas en el verano, y por dos semanas durante las Navidades, y alquilarlo por el resto del tiempo. Desean estar a dos horas de manejo en coche de las atracciones principales de Disney, y más o menos a media hora de una playa. Una vez que las niñas sean mayores Emily y Mark pueden pasar la mitad del año como jubilados.

Mucha gente piensa que una buena ubicación es estar en un lugar en donde tienen acceso fácil a los lugares a los cuales desean visitar. En la Florida, el intentar tener lo mejor de ambos mundos puede significar que usted termine en un lugar en medio de ninguna parte. Nuestro consejo es escoger una opción: ¿cuál es el factor más importante en su estilo de vida? Para una familia con niños pequeños este es indudablemente la playa. Si bien podrán ir a Disneyworld algunas veces al año, pero desearán tener acceso y utilizar la playa durante toda su estadía en sus vacaciones de la Florida. Y felizmente, existen algunas comunidades playeras fantásticas, que todavía le ofrecen un tiempo de viaje razonable hacia las atracciones que han hecho famosa a la Florida.

Si usted elige las playas de la costa este, usted podrá esperar ver olas más grandes, amaneceres atlánticos hermosos y un litoral más dramático. Si usted elige la costa oeste, usted estará en el Golfo de México, un cuerpo de agua más tranquilo con pendientes más apacibles hacia el acceso del agua, y puestas de sol hermosas. De cualquier manera, cada comunidad de playa que usted explore le ofrecerá características únicas en cuanto a la calidad y estilo de vida, y eso es en lo que usted debería enfocarse. Esta familia debería también cerciorarse de elegir una propiedad que permita el alquiler semanal para maximizar el potencial de su flujo de caja, y debería consultar con un contable para cerciorarse de que sus declaraciones de impuestos en las ganancias por el arrendamiento de la propiedad sean sometidas cuidadosamente. Deberían también estar enterados de que es posible deducir del impuesto pagadero sobre la renta neta, el costo de venir a visitar a la propiedad de alquiler.

ESTUDIO DE CASO NÚMERO 2: INVERSIONISTA DIRECTO

Hans es alemán, él tiene $500.000 para invertir y desea colocar su dinero en un activo de los EE. UU. inmediatamente. Él está buscando una inversión de buen valor que se alquile rápidamente y constantemente con un rendimiento de flujo de caja positivo, y apreciación a lo largo de cinco años. Él no desea venir a los EE. UU. o tener que tratar con más papeleo de lo necesario.

NUESTRO CONSEJO

Le aconsejaríamos a Hans que pensara con cuidado en sus objetivos a largo plazo, y en el por qué él desea una propiedad en los EE. UU. Además de querer colocar su dinero en activos estadounidenses, ¿desea él-como muchos clientes europeos quienes hemos conocido-sólo colocar su dinero en un bien inmobiliario? Si no, y si él está buscando un retorno directo, le convendría investigar los valores, las acciones u otras opciones. Si él realmente desea ser dueño de una propiedad en la Florida, le será útil pensar en el largo plazo, ya que con esa suma de dinero él podría investigar cómo obtener una Tarjeta de Residencia Permanente en Estados Unidos, y conseguir su residencia en los EE. UU. Si él únicamente desea ser propietario de propiedades como inversión, entonces le aconsejaríamos comprar algo que le devengue un buen ingreso por alquiler anual. De esta manera él recibe la corriente de ingreso sólida que desea; hay menos uso y desgaste en la propiedad y menos complicaciones conque lidiar, en cuanto a la rotación del inmueble en caso de que esté vacante. Puede dejar todo a cargo de un administrador y encontrar a un buen inquilino por largo tiempo. Su estrategia debería ser comprar en la mejor ubicación posible con objeto de maximizar el flujo de caja positivo a corto plazo, y la apreciación a largo plazo, lo que será por ende el retorno más importante. Hans puede también beneficiarse de las tasas de cambio recientes entre el euro y el dólar. Los compradores de la Eurozona consiguieron el ocho por ciento más por su dinero en el 2013, comparado al 2012.

ESTUDIO DE CASO NÚMERO 3: REALOJADO

Manuel y su esposa, Carmen, de Venezuela se están realojando en la Florida debido al trabajo de Carmen. Tendrán una visa de trabajo/residencial por cinco años, y desean una propiedad que esté ubicada a una hora o menos de recorrido de un aeropuerto internacional, que sea fácil de mantener, y se venda fácilmente, en caso de que ellos optaran por regresar a Venezuela. También quisieran estar cerca de la playa, y poder alquilar la propiedad, si optaran por hacerlo al pasar cinco años.

NUESTRO CONSEJO

Con más de 1.200 millas de litoral y más de 600 millas de playas a escoger en la Florida, les aconsejaríamos a Carmen y a Manuel que se concentraran en el estilo de vida que desean llevar. Hay una plenitud de oportunidades para alcanzar un estilo de vida playero maravilloso con toda la accesibilidad y comodidad que ellos desean. Hay 15 aeropuertos internacionales en el estado, así que no debería ser difícil marcar esa casilla, lo que necesitarían saber claramente es qué estilo de vida les gustaría tener. El estar cerca del agua y de la playa es parte de la cultura aquí, y debe ser un punto focal de su experiencia de la Florida. Cada comunidad tendrá estilos de vida un poco diferentes y diferenciadores, así que necesitarían estar bien claros en lo que están buscando. Si es el estilo sudamericano, entonces el sur de la Florida podría estar más a su par, si es un clima más templado y comunidades turísticas, entonces el área de Sarasota a Tampa puede ser perfecta para ellos. Lo mejor que hay que hacer es hablar con uno de nuestros asesores para ayudarles a identificar el estilo de vida que están procurando. Un condominio puede ser una buena opción para ellos, ya que desean ser propietarios poco complicados y esto es el tener un mantenimiento mínimo y despreocupado. Sin embargo, hay muchas comunidades planeadas las cuales ofrecen la conveniencia del condominio en viviendas unifamiliares. Puede haber honorarios básicos para el mantenimiento, el jardín, la piscina, etcétera, y hasta para los servicios del conserje quien almacenará su refrigerador y colocará flores frescas en su vivienda. La Florida se basa en el ofrecimiento de servicios y hay una plenitud de amenidades a su disposición, nosotros nos encaminamos hacia el estilo de vida cómodo.

LAS 4 COSAS MÁS IMPORTANTES QUE HA DE RECORDAR AL COMPRAR PROPIEDADES INMOBILIARIAS EN LA FLORIDA

1. **Ubicación, Ubicación, Ubicación.** La ubicación es el factor más importante que determinará tanto, el potencial a largo plazo de la compra de su propiedad, como su disfrute personal al usar la propiedad. Es decir: vaya por lo mejor que usted pueda posiblemente permitirse a gastar en términos de ubicación deseable, y esto le será devuelto a largo plazo, a través de mejores índices de ocupación, la apreciación a largo plazo, y su propio estilo de vida personal. No se tiente a ir por una propiedad más barata porque usted consigue más espacio, o porque en términos de porcentaje usted piensa que el retorno será más alto porque la inversión es menor. Vaya por la mejor ubicación que usted pueda permitirse adquirir, tan cerca de la playa como usted pueda, y usted estará protegiendo su inversión. Lo deseable demanda un premio, así que, aunque puede que duela pagarlo, no será lastimado al recibirlo.

2. **Confíe en sus Instintos.** Si la propiedad no le asienta de manera absoluta, ya sea en términos del ambiente, la vista, o la comunidad, entonces déjela. No importa qué «pacto» o incentivo de precio le sea ofrecido, si no es justo para usted, no está bien, y punto.

3. **Gaste Por Adelantado Para su Protección.** Bajo nuestro punto de vista, es mejor gastar un poco de dinero por adelantado para cerciorarse de que usted estará protegido como comprador internacional. Esto

puede significar el crear las estructuras legales, o los portafolios de gerencia de dinero, o las solicitudes de visa, o seguros, pero es mejor arreglar todo desde el principio para que así pueda proteger su activo y su corriente de ingresos.

4. **Hallazgo de Personas Dignas de su Confianza.** Realice su oportuna diligencia para con ellos, y después siga su consejo o dirección. Una vez que encuentre gente en quien usted confía, debería prepararse a deferir a su maestría. A menudo, las personas más allegadas a usted le darán consejos, pero ellos no son expertos, y usted necesita estar preparado para colocar su confianza en los expertos quienes usted emplea para conseguir el mejor resultado.

SU BÚSQUEDA DE PROPIEDADES DE LA FLORIDA

MERCADO DE PROPIEDADES DE LA FLORIDA

Como en el resto de América, la Florida registró un crecimiento récord de los precios en el mercado de las propiedades en los años que preceden al 2006. Estimamos que el mercado alcanzó su nivel más alto en el 2005, y para fines del 2005 los precios caían. Por supuesto toma tiempo para que esa información se haga evidente, se convierta en conocimiento general, y para que penetre en el mercado. Desafortunadamente, algunos compradores todavía estaban comprando a un precio muy alto en aquel tiempo, y fueron los que sufrieron el peor escozor por el desplome subsecuente de precios en el 2006. Algunos de estos compradores desafortunados fueron las víctimas de-en nuestra opinión-el consejo inadecuado de sus Realtors®. Algunos simplemente se habían enamorado de la propiedad y la deseaban, punto. Y algunos sencillamente no hicieron sus deberes. Lamentablemente, el resultado fue para muchos una equidad negativa en sus viviendas como mínimo, y para otros el dolor de tener que hacer una venta forzosa, o de sufrir un embargo de bienes hipotecados, o quizás de tener una pérdida de $200.000 a $500.000, o más.

Este reajuste bruto del mercado era en cierto modo inevitable, después del comportamiento inflacionario del mercado en los años anteriores—una burbuja clásica. Y a medida que emergimos de la crisis y comenzamos a encontrar estabilidad en el 2012, se podría decir que los valores atribuidos a las propiedades llegaron a ser más exactos. El crecimiento inflacionario desequilibrado ya no existe, así que las viviendas están siendo valoradas con base a datos históricos, y en lo que realmente valen para el comprador. Un mercado mucho más auténtico y más exacto es con lo que contamos hoy.

Esto, en nuestra opinión, no es algo nada malo. Y para los inversionistas del extranjero con miras a comprar una propiedad para la inversión en la Florida, este es un buen momento para obtener un valor real en la inversión de propiedades en la Florida. Los precios todavía están históricamente bajos-pero están estables y en la mayoría de las áreas, en ascenso. Esto significa que existe la seguridad de saber que una propiedad que usted compra hoy valdrá más mañana. Mientras que no estamos hablando de valores de propiedades galopantes como vimos en esos años del auge, hay un valor constante que se acumulará en las propiedades compradas prudentemente en este momento. Y los precios están, pensamos nosotros, a niveles favorables y exactos.

Como se indica en este artículo reciente publicado en The Financial Post, las cosas están cambiando, y las oportunidades que estamos viendo en el mercado actual no estarán disponibles por mucho tiempo. Este artículo es especialmente relevante para los compradores canadienses, quienes ocupan un buen lugar en términos del valor de su moneda para comprar actualmente, pero que en nuestra opinión esto se aplica a la mayoría de los inversionistas internacionales, y es por lo general un consejo sensato:

«Un informe del Banco de Montreal (BMO, por sus siglas en inglés) del 2012 indica que mientras que el mercado de viviendas de la Florida se encuentra relativamente tenso, lo peor ya ha pasado. La Florida era uno de los epicentros del ciclo de degradación de la burbuja inmobiliaria, pero hay señales crecientes de que una recuperación va por buen camino. La mayoría de los inversionistas con experiencia le dirán que la mejor época para comprar es en el momento en que el mercado ha dado la vuelta a la esquina y está comenzando a subir-y aquí es donde ahora está la Florida».[2]

Oportunidad para Compradores Globales

Para los compradores globales, esto presenta una oportunidad muy verdadera, ya que-dependiendo de su país de origen y de su moneda-el dólar, el precio de pedir prestado, y el precio de ser propietario de un bien inmobiliario puede todo estar a un nivel sustancialmente más bajo que en su país de origen. Agregue a eso el potencial significativo en la mayoría de las áreas de la Florida, de arrendar su vivienda de vacaciones para recibir una renta, y en muchos casos con un retorno excelente a su inversión y usted podría considerar el por qué el mercado de propiedades de la Florida es una inversión atractiva para los compradores del exterior. Así como la perspectiva atractiva de colocar su dinero de inversión en dólares de los EE. UU., según la Asociación Nacional de Corredores (Realtors®) (NAR): «Los compradores extranjeros reconocen las propiedades de los EE. UU. como una inversión deseable, rentable y segura. Además, la debilidad del dólar ha hecho de las propiedades de los EE. UU. una inversión aún más atractiva para los compradores extranjeros».[3]

En el 2010, los clientes internacionales en Florida representaron un 22 por ciento de las compras de viviendas existentes. En 2012, los compradores internacionales compraron $82,5 mil millones en propiedades residenciales en los EE. UU.-un aumento de $53,4 mil millones de dos años antes. En Miami, el 60 por ciento de los compradores de viviendas eran extranjeros el año pasado, según la Asociación de Realtors® de Miami. Éstas son cifras asombrosas, y demuestran qué tan caliente está el mercado de las propiedades de la Florida ahora, particularmente para los compradores europeos, canadienses, y latinoamericanos.

Una advertencia, sin embargo: Esto es verdad en este momento. Es una ventana de oportunidad. Si hay algo que nuestra experiencia combinada en Wall Street, en el negocio global y en las finanzas internacionales, y nuestros MBAs de Duke nos han enseñado es que nadie puede decir por cuánto tiempo existirá cualquier situación dada. Las tasas de interés, los valores de las monedas, y el mercado de las propiedades de por sí, están siempre fluctuando y son sujetos a cambios y a sustituciones en cualquier momento. Ahora mismo, vemos una oportunidad significativa para que muchos inversionistas internacionales realicen una inversión excelente y sólida en el mercado y que puedan disfrutar de retornos financieros, tanto como, del estilo de vida de poseer una vivienda para las vacaciones en la Florida por años, sino décadas, por venir.

COMENTARIO EXPERTO

«Probablemente, los precios no bajarán más», dice Beata Caranci, economista jefa adjunta de Toronto Dominion Bank. «Si usted intentaba entrar en lo más bajo, se lo perdió. Continúa estando extremadamente cerca de rozar con el fondo, y cuanto más espere, puede contar con un incremento de precios de cerca de 5% cada año».[4]

Propiedades Inmobiliarias vs. Otros Activos

ES LA PROPIEDAD INMOBILIARIA REALMENTE UNA INVERSIÓN SEGURA EN CONTRA DE OTRAS CLASES DE ACTIVOS?

Debido a la gran corrección en el valor de las propiedades inmobiliarias entre 2006 y 2011 muchos compradores se sienten nerviosos de que las propiedades inmobiliarias ya no son una inversión sana y segura. El poseer propiedades tangibles, presenta todavía en nuestra opinión uno de los lugares más seguros en donde invertir su dinero por un número de razones:

1. Quizás la razón más persuasiva a favor de invertir en propiedades sobre otros activos, es que usted llega a utilizarlos. Desemejante a la inversión de acciones y bonos con las cuales no hay uso tangible de productos para su vida diaria, una propiedad en la Florida como inversión también puede disfrutarse.

2. A pesar de apenas haber estallado una burbuja, históricamente se ha observado que, al pasar más o menos una década, los valores siempre ascienden.

3. Poseer una propiedad puede construir un almacén excelente de equidad y de valor, protegiendo sus portafolios contra la inflación.

4. Las propiedades para alquilar pueden proporcionar grandes retornos anuales y un flujo de caja positivo deseable para los inversionistas.

5. Las tasas de interés están históricamente bajas ahora, lo que indica que una subida podría estar por suceder. Esto es preocupante para los inversionistas que poseen instrumentos de renta fija en sus portafolios, tales como los bonos, los cuales podrían afectarse negativamente por un alza en las tasas de interés.

6. Por lo general, existen algunas formas de deducciones fiscales al invertir en propiedades. En la Florida se permite reclamar deducciones fiscales por la depreciación, los pagos de hipoteca, y el ingreso por alquiler. De hecho, en la Florida, los ahorros fiscales en inversiones de propiedades inmobiliarias pueden ser sustanciales.

7. La mejor época para poner su dinero en propiedades inmobiliarias es cuando las tasas de interés están bajas, y la economía no opera a todo dar. El financiamiento inteligente puede significar que cuando se levanta el mercado y suben las tasas, los precios de las propiedades se levantan en conformidad, y usted está sentando bastante bien, habiendo creado equidad.

8. Las propiedades inmobiliarias a menudo se consideran una buena inversión durante los períodos inflacionistas, los cuales algunos economistas pueden predecir.

De hecho, debido a la inestabilidad extrema en las otras clases de activos tradicionales de inversión, tales como los valores y las participaciones de capital, nosotros ahora creemos que las propiedades inmobiliarias ofrecen una de las oportunidades de inversión disponibles más sólidas. Y pensamos que muchos inversionistas están realizando el salto hacia las propiedades, mientras que intentan escapar del mercado de valores tradicional, en cuya permanencia en estos últimos años se ha convertido en jugar con fuego.

Obviamente, la inversión en propiedades inmobiliarias lleva riesgo-y no es tan líquida como en otros activos. Lo que significa que es más difícil de obtener el dinero en efectivo, si usted necesitara tener acceso rápido a la equidad. Algunos de los otros problemas que pueden presentarse al poseer una propiedad como inversión se enumeran a continuación, y se discuten en secciones más avanzadas en este libro. Todos son puntos dignos de ser considerados. Sin embargo, sentimos que la inversión a largo plazo en propiedades inmobiliarias en la mayoría de los casos ofrece el beneficio financiero y personal más alto. Nada supera la sensación de gozar del sol brillante desde su propia vivienda en la Florida.

Cosas a Considerar

EL COSTO REAL DEL TITULAR INMOBILIARIO:

- Gastos de Comunidad - Reparaciones

- Costos de la Gerencia del Alquiler- Agencia

- Honorarios de la Asociación Propietarios de Vivienda (HOA, por sus siglas en inglés)

- Suministros

- Seguro

- Impuestos sobre bienes inmuebles

- Impuesto sobre el ingreso por alquiler

EL COSTO PERSONAL DEL TITULAR INMOBILIARIO:

- Dolores de cabeza causados por el manejo de la propiedad, si usted lo hace usted mismo-ocupándose de las reparaciones/de los contratistas/de los servicios/ de las demandas del seguro, si se presentaran

- Dolores de cabeza a razón de los inquilinos, si es usted quien maneja la propiedad de alquiler-tiempo y energía invertidos en la logística y el arrendamiento.

Tipos de Inversiones

MANERAS DE INVERTIR:

1. Vivienda de Vacaciones para Su Familia

2. Vivienda de Vacaciones para Arrendamiento con Flujo de Caja Positivo

3. Condominios

4. Vivienda de Vacaciones para el Alquiler a Largo Plazo

5. Propiedad Comercial

6. Multipropiedad/Comunidades Administradas

7. Terreno

Una Opción Final para Invertir en Propiedades Inmobiliarias

Otra manera de poseer propiedades es invirtiendo en una cartera de valores que está garantizada por propiedades. Usted puede hacer esto comprando valores, bonos, o fideicomisos inmobiliarios, valores respaldados por hipotecas o valores con el respaldo de hipotecas comerciales. Esto requiere de cierto conocimiento en el campo de la inversión, y una comprensión del bien inmobiliario el cual está asegurando los bonos, de modo que usted pueda estar seguro de la estabilidad de la inversión y del flujo de caja. Esto puede ser más fácil que la absoluta posesión de un bien inmobiliario, y es a menudo una inversión mucho menos significativa, lo que la hace atractiva a los inversionistas de escasos recursos.

Preguntas y Preocupaciones Comunes de Compradores Globales

¿PODRÍAMOS SER TITULARES INMOBILIARIOS EN LOS EE. UU., AUNQUE NO SEAMOS CIUDADANOS AMERICANOS? ¿Y CÓMO PODRÍAMOS ADQUIRIR LAS PROPIEDADES?

Afortunadamente, para los inversionistas globales de propiedades, quienes tienen su vista fijada en un trozo inmobiliario en la Florida, no existen ningunas restricciones en cuanto a la compra y la adquisición de inmuebles en los EE. UU. por personas extranjeras. Sin embargo, les correspondería a los compradores determinar si su país de origen otorga cualesquiera restricciones en cuanto a las compras internacionales. Sería realmente ventajoso el investigar esto, puesto que algunos países pueden desalentar la inversión extranjera fuera de sus propias tierras con impuestos punitivos sobre las compras inmobiliarias al exterior, o con la restricción del tiempo en que sus ciudadanos residentes puedan pasar fuera del país, sin perder sus derechos de residencia.

Mucha gente elige invertir en propiedades en la Florida, ya sea como residencia a medio tiempo, para que la propiedad les genere un ingreso por alquiler, y/o como una propiedad para su jubilación futura. En todos estos escenarios es muy importante comprobar cualquier restricción que pueda estar en pie en su país de origen, ya sea impositiva, financiera, o en relación con las visas.

Es importante observar que la adquisición de propiedades inmobiliarias en los EE.UU. es uno de los destinos más seguros de inversión que usted pueda elegir. Todas las transacciones inmobiliarias están protegidas por la ley contractual de los EE. UU. Y el uso estándar de fondos en plica protege su dinero, cuando una transacción está en proceso.

¿TENEMOS QUE ESTAR EN LOS EE.UU. PARA COMPRAR BIENES INMUEBLES?

No. Es recomendable ver su propiedad en persona, pero si usted elige no estar presente, su agente puede actuar en su favor, tanto para ver la propiedad, como para realizar la transacción. Y cuando llega el día de la formalización, usted no necesita estar presente, usted tiene la opción de otorgar un poder notarial a un representante quien pueda cerrar el negocio por usted. O, como estamos viendo cada vez más, las ventas inmobiliarias están siendo formalizadas virtualmente, con todos los documentos originales los cuales son firmados en el exterior y después son enviados de vuelta a los EE. UU. Si usted está firmando los papeles en su propio país, usted no necesita otorgar un poder notarial a nadie, e incluso hemos tenido casos en que los abogados han viajado al extranjero para atestiguar la firma. Favor de referirse a nuestra sección acerca de la Formalización, para más información.

Cada vez más la gente compra propiedades «viéndolas pero sin estar presentes para verlas» al confiar en viajes virtuales del Internet, fotografías, software de mapas y demás. Nosotros preferimos que nuestros clientes visiten la propiedad de interés. Un cliente que tuvimos recientemente había fijado su corazón en una propiedad en particular que parecía ser un negocio formidable. Solamente cuando la vimos juntos en persona es que fue capaz de sentir el efecto completo de la ubicación de la propiedad-directamente en la trayectoria de vuelos-ruidosa y de sonido estéreo.

¿PODEMOS CONSEGUIRNOS UNA VISA FÁCILMENTE, UNA VEZ QUE SEAMOS TITULARES INMOBILIARIOS EN LOS EE. UU.?

Si usted invierte entre $500.000 y $1 MM, y crea empleos, usted puede ser elegible para la Tarjeta de Residencia Permanente en los EE. UU., lo que significa que usted tiene el derecho legal de trabajar y de residir en los EE. UU. mientras usted continúe ejecutando su declaración del impuesto federal sobre el ingreso personal en los Estados Unidos. Para todos los que no pueden destellar ese tipo de efectivo, hay una variedad de visas que deben acomodarse a sus propósitos. Consulte con un abogado de inmigración, acerca de todas las oportunidades que puedan estar a su disponibilidad para cerciorarse de que esté realizando la opción correcta. Si usted sólo utiliza la vivienda como residencia durante las vacaciones, lo más probable es que no necesitará una visa para una visita corta, de menos de 90 días. Para las visitas de más de 90 días hay opciones innumerables de visas disponibles. Vea por favor la sección de visas para más información.

¿PODRÍAMOS OBTENER UN SEGURO MÉDICO SI SOMOS TITULARES DE UN BIEN INMOBILIARIO EN LOS ESTADOS UNIDOS?

De nuevo, dependiendo de cuánto tiempo se propone en permanecer en los EE. UU., usted podría ser elegible para obtener una cobertura de seguro médico de viajante emitida por su país. Para las visitas de largo plazo/de residencia temporal hay opciones múltiples. Favor de referirse a la sección del seguro médico.

¿TENDREMOS QUE PAGAR IMPUESTOS UNA VEZ QUE SEAMOS TITULARES DE UN BIEN INMOBILIARIO EN LA FLORIDA?

Todo titular inmobiliario en la Florida paga un impuesto basado en el valor de la propiedad, el cual es determinado por el municipio local. Sin embargo, las ventajas que ofrecen las leyes fiscales de la Florida más que compensan las desventajas, en nuestra opinión. No hay impuesto sobre las ventas en la compra de propiedades, y si usted gana dinero en el estado de la Florida, (por ejemplo, si recibe un ingreso por el arrendamiento de una propiedad de inversión) no hay impuesto estatal sobre el ingreso personal, lo que es una ventaja enorme e incentivo para muchas personas, quienes eligen vivir o comprar propiedades aquí.

NOTA DE LOS AUTORES

¿Quién paga las Comisiones por la Venta de Propiedades?

En la Florida, las comisiones por la venta de propiedades son pagadas con las ganancias de la parte que ejecuta la venta. En efecto, esto significa que los compradores no pagan nada para que un Realtor® trabaje con ellos. No podemos enfatizar más la importancia de este concepto, ya que el valor de trabajar con un Realtor® para la compra de una propiedad está establecido en las secciones a continuación.

En el contrato para la venta de un inmueble entre la persona que va a vender su propiedad y su agente inmobiliario, en una de las provisiones, se especifica el porcentaje total de las comisiones que serán pagadas con base al precio de venta de la propiedad, tanto como la distribución de la comisión entre el agente inmobiliario de la persona que vende, y el agente de la persona que compra. En nuestra experiencia, este porcentaje oscila entre 5-7%. La mayoría de las veces, el agente inmobiliario comparte la comisión a razón de 50/50 con el intermediario, (el bróker que ejecuta la venta). El agente inmobiliario que representa al vendedor, al participar en el Servicio de Listado Múltiple (SLM), asiente a pagar un porcentaje de la comisión del intermediario quien realiza la venta.

¿CÓMO ENCONTRAR UNA PROPIEDAD? CONSIGA UN REALTOR

¿Cuál es nuestra recomendación número uno al comenzar su búsqueda de una propiedad? Encuentre el Realtor® adecuado para usted, y usted se colocará inmediatamente en la delantera. Nuestros clientes globales tienen gran acceso a la red de Internet y son capaces de realizar sus investigaciones independientemente. Ante todo, debería de tener una idea clara de lo que usted está buscando y de qué es lo más importante para usted: ¿Son las escuelas?, ¿las playas?, ¿los hospitales?, ¿la rentabilidad?, ¿el tamaño de la comunidad?, ¿el que tenga acceso a las amenidades culturales?, ¿la proximidad a cierto aeropuerto? Haga su investigación. Determine en cuál zona geográfica general desea estar, y después pregunte a sus amigos, familia, colegas, personas locales, al internet, tantas preguntas como usted pueda para identificar qué lugar específico va a resolver sus necesidades súper-específicas.

NOTA DE LOS AUTORES

Como recurso agregado a nuestros lectores, ofrecemos el Programa de Remisión de Realtors ® de Inversiones en la Florida, como una de las mejores maneras de encontrar un Realtor® en la Florida. Estos individuos han sido personalmente evaluados por nosotros previamente, demuestran la habilidad y la experiencia que exigimos de un agente y son expertos en su región. *www.InvestmentsInFlorida.com*

Una vez que usted esté claro qué área satisface la mayoría de sus deseos/necesidades, investigue a los Realtors®. La mejor manera de hacer esto es por medio de las recomendaciones personales, o usando el **Programa de Remisión de Realtors®** **de Inversiones en la Florida en** *www.InvestmentsInFlorida.* *com* para conectarlo con un Realtor®, que ha sido cualificado por nuestro equipo. Como le seguimos repitiendo, encontrar a alguien con experiencia extensa, el conocimiento del mercado e historial, un alto nivel de satisfacción al cliente, y quién ha completado muchas transacciones para clientes extranjeros, será de suma importancia para su tranquilidad y éxito, a través de todo el proceso de compra y más allá. **Le aconsejamos que eche un vistazo a nuestra sección acerca de cómo emplear a un Realtor® para obtener más asesoría en cuanto al tipo de preguntas que debería hacer, lo que su Realtor® debería hacer por usted, y cómo asegurarse de que la persona que lo representa es de primera.**

INVESTIGACIÓN DE ANTECEDENTES

Conozca a su vecindario. ¡En nuestra experiencia, el buen conocimiento del historial de precios en los vecindarios específicos en los que usted está interesado le ayudará a tener expectativas realistas de lo que usted puede permitirse gastar, y esto le ayudará a reconocer una buena compra cuando la encuentre! Un buen punto de partida está en investigar todas las viviendas que se vendieron recientemente en el área, y de familiarizarse con ciertas propiedades que fueron vendidas a precios más altos o bajos, y cuáles son las características que impulsan el precio hacia arriba. Su agente puede proporcionarle un «Estudio de Mercado Comparativo» (CMA, por sus siglas en inglés), que contenga todos los datos, o usted puede utilizar sitios Web tales como Trulia, Zillow, etcétera, para investigarlo, utilizando la sección de la lista de propiedades vendidas.

En general, usted desea basar su investigación en los precios por los cuales se vendieron las propiedades, no en los precios de venta en la lista de propiedades a la venta. En un mercado de depreciación puede a veces ser difícil adelantarse a la curva del precio, pero usted necesita su información para estar súper correcto y actualizado al minuto. En un mercado en vía de apreciación, los vendedores pueden ponerse un poco agresivos, para no dejar dinero sobre la mesa. La meta es utilizar las cifras de las ventas cerradas, y enfocarse en lo que es de valor para usted personalmente, combinado con los datos comparativos de las ventas, para calcular el precio correcto de una propiedad.

Un Realtor® bien versado debería poder decirle todo acerca de las tendencias de los precios en el área en que usted está interesado, en ambos términos, el corto y el largo plazo. El área puede estar experimentando un alza de mercado. O, la burbuja pudo haber estallado recientemente y los precios van rumbo al descenso, rápidamente. De cualquier manera, es importante conocer el contexto de su compra, para poder tomar una decisión completamente informada. Un agente con experiencia debería saber todos estos detalles y tendencias para cada microeconomía en su área. En algunos casos es incluso vital que sepan la diferencia entre los precios de venta y las tendencias en los precios, calle-por-calle. Un Realtor® bien informado debería saber por cuánto tiempo la vivienda ha estado en venta en el mercado, y cómo eso se compara al mercado general, y si bien es posible que pudiese averiguar si ha habido ofertas anteriores y las razones por las que han sido rechazadas. Él o ella puede incluso saber algo que motiva al vendedor: si están desesperados por mudarse, o si están esperando por una oferta completa del precio de salida.

AHORA COMIENZA LA BÚSQUEDA EN SERIO

Hay muchas maneras de encontrar su propiedad perfecta en el estado del Sol Brillante. **La publicidad de propiedades a la venta en los Estados Unidos es muy diferente a la de muchos otros países, ya que estas propiedades se encuentran publicadas a través de un sistema llamado el Servicio de Listado Múltiple o SLM. Esto es importante porque aquí se enumeran todas las propiedades para la venta y la información acerca de cada listado es diseminada a través de una red amplia de agentes, intermediarios y el público que sirve.** Mientras que el público en general no tiene acceso propio al sistema, una vez que los compradores hayan empleado un Realtor®, la información acerca de cada propiedad es puesta a su disposición. Los datos del listado pertenecen al agente de propiedades inmobiliarias, quien ha asegurado el acuerdo de la venta de una propiedad con el titular de la propiedad. Cada sistema de SLM (y hay muchos) permite la instalación de acuerdos recíprocos entre los intermediarios, y permite que compartan tanta información como sea posible acerca de las propiedades de cada uno. Esto hace posible que agentes e intermediarios generen comisiones de los listados de cada uno.

He aquí las maneras más comunes por las cuales los compradores internacionales encuentran sus propiedades:

SLM-SERVICIO DE LISTADO MÚLTIPLE

Un servicio de listado múltiple es la manera más común por la cual la gente encuentra información acerca de todas las propiedades disponibles en su área de búsqueda. El SLM es una herramienta inestimable para los Realtors® en la Florida, ya que contiene cada propiedad que se ha puesto en venta por un Realtor®. El estado de la Florida se divide en casi 35 áreas de SLM, cada una siendo específica y comprensiva a su geografía respectiva. Los agentes comparten la información de sus listados para crear un recurso comprensivo y maximizar la exposición de la propiedad al mayor número de compradores. **Lo que esto significa para usted es que una vez que usted encuentre el agente adecuado para representarle, él o ella tendrán acceso a esta base de datos, y podrán aconsejarle y guiarle acerca de cualquier propiedad que esté disponible en el mercado.**

Es esta transparencia de información lo que distingue al sistema de SLM de Florida de muchos otros en el mundo. Si usted, como comprador, va a las oficinas de tres Realtors® distintos, con los mismos criterios de búsqueda, usted terminaría con los mismos resultados. Por ejemplo, en nuestra área, si usted deseara vivir en la comunidad de planeamiento urbanístico llamada Turtle Rock, todos los Realtors® con quienes usted consulte tendrían las mismas seis casas en venta, en el rango de precios entre $350.000 y $680.000. Esta transparencia es claramente un diferenciador importante, y explica por qué ponemos el énfasis en encontrar el Realtor® adecuado. Debido a que la información de la propiedad está disponible a todos, es el profesional que usted elija para que lo guíe, lo que determinará cuál será su experiencia en la compra de la propiedad.

Todas estas transacciones entonces incluyen un acuerdo recíproco, para que los agentes ganen una comisión en ambas direcciones. Cuando usted está vendiendo una propiedad, el SLM le brinda acceso a un enorme grupo de compradores que usted no podría alcanzar de otra manera. Cuando usted está comprando propiedades, usted tiene a mano todos los listados que encajan con la búsqueda de su propiedad, y puede conducir una búsqueda profunda usted mismo. Muchos sistemas de SLM tienen herramientas adicionales, tales como, calculadoras para los impuestos inmobiliarios, los pagos de hipoteca, y los suministros, que le ayudan a conseguir un cuadro financiero más claro del costo verdadero de una propiedad.

Le aconsejamos que emplee a su agente dos o tres meses antes de que usted esté listo para comprar, de modo que pueda comenzar a recibir la mayor cantidad de información acerca del mercado. Su agente debería comenzar a enviarle todas las propiedades que sean colocadas a la venta en el mercado y que se vendan en su área de interés y que llene sus requisitos de búsqueda, de modo que usted tenga a su disposición una imagen buena y realista del mercado. Ésto incluye lo que realmente está dentro de su poder adquisitivo y cuánto costarán las comodidades que usted desea.

Sitios de Internet- Zillow, Trulia, Realtor.com

El mayor cambio en el mercado de propiedades en años recientes ha sido, sin duda, la explosión de sitios en donde se alistan propiedades en venta tales como Zillow, Trulia, ForSaleByOwner.com, Craigslist y Realtor.com. Ahora se estima que 60 por ciento de los compradores de viviendas encuentran su propiedad inicialmente a través de uno de estos sitios, y no hay duda de que el acceso a millares de propiedades es de una enorme ventaja para los compradores, en particular, para los compradores internacionales quienes realizan su búsqueda de propiedades en la Florida desde su país de origen. Estos sitios son extremadamente eficaces en publicar los listados disponibles y en poner toda la información al alcance de los compradores. Incluyen a menudo giras virtuales, vistas aéreas o de las calles y muchas otras funciones agregadas las cuales son enormemente útiles.

El rol de estos sitios de Internet sin duda ha cambiado la dirección futura del rol de los Realtors®. En realidad, esto hace encontrar al Realtor® adecuado aún más importante, pues usted necesita de alguien que realmente agregue valor. **Los roles de los Realtors® de hoy se orientan más en proporcionar una guía de calidad superior de cómo organizar las ofertas, ejercer negociaciones de las muchas variables con la otra parte, y encaminarlo a través del proceso de inspecciones, financiamiento y aseguramiento. En fin, están allí para abogar por sus intereses a través del proceso de compra.** Usted puede ver que la búsqueda de propiedades para sus clientes es sólo el comienzo: el verdadero trabajo empieza cuando usted comienza a pensar acerca de cómo organizar su oferta, cómo poner la propiedad bajo contrato, y cómo ejecutar la formalización.

Con frecuencia nos encontramos con situaciones en las cuales los clientes usan la red de Internet para identificar el tipo de vivienda que les gustaría, sin saber nada acerca de los barrios o zonas en donde están realizando su búsqueda, lo que de otra manera les proporcionaría una fiel imagen de lo que están buscando. Aunque es extremadamente útil que un Realtor® vea los tipos de cosas que son importantes para usted en una vivienda, la ubicación es igualmente importante. Aquí es donde es fundamental obtener el conocimiento experto de un Realtor® quien ha vivido y ha trabajado allí por muchos años. De modo que él o ella pueda darle el contexto completo de la experiencia de vivir en cada área, y discuta algunos de los factores de la calidad de vida menos tangibles, tales como la distancia hacia los centros comerciales y a los restaurantes, proximidad a las atracciones o a la playa, y la seguridad total del vecindario, si existen carreteras principales, etcétera. Una y otra vez, nuestros clientes comienzan a mirar en un área con su búsqueda inicial por la red de Internet, y entonces después de que podemos educarlos completamente y de considerar sus criterios más importantes de vivienda y de estilo de vida, terminan por elegir áreas totalmente distintas.

Venta Por Propietario (FSBO, por sus siglas en inglés)

Hablemos acerca del pequeño grupo de vendedores que deciden no alistar su propiedad a través del SLM. Su motivo es generalmente que no desean pagar una comisión al intermediario por alistar su propiedad en el sistema. Nos referimos a éstos como FSBOs. Esto limita su exposición perceptiblemente, pero en un mercado con un grupo grande de compradores esto podría ser una opción viable. Cuando usted, como el comprador, trabaja con un Realtor®, normalmente, el vendedor FSBO pagará la comisión a su Realtor®.

Búsqueda de Oportunidades

Esta es, sin duda, una opción que consume mucho tiempo, pero en nuestra experiencia, los compradores, en ocasiones han podido identificar oportunidades de propiedades con antelación al resto del mercado, luego de emplear una enorme cantidad de trabajo preliminar. Esto puede significar que envíen una carta a los residentes del vecindario de su elección, preguntándoles si alguien está listo para vender, y representándose como los compradores perfectos. O, puede ser que usted inicie conversaciones, mientras va de paseo y se encuentra con propietarios, indicándoles su deseo de comprar en el área, y viendo a ver si alguien está pensando en vender. O, puede simplemente conducir o ir de paseo en bicicleta a través de su área elegida, a menudo buscando letreros de Venta por Propietario en el jardín. Otra técnica utilizada por alguna gente es la de conocer a los agentes locales en persona, y dejar con ellos los detalles y requisitos de la propiedad que andan buscando, con la esperanza de que en caso de que algo que llene sus requisitos aparezca, el agente pueda dejarles saber antes de que sea alistado en el SLM o en los sitios de propiedades más populares, dándoles una ventaja.

Es verdaderamente importante que, independientemente de si la propiedad adecuada para usted está alistada a través del SLM o si viene de un FSBO, o es recomendada por alguien, que usted comparta tanta información como sea posible acerca de sus deseos, ilusiones y anhelos con su Realtor®, para que él o ella pueda estar en la búsqueda de su propiedad perfecta. Los agentes quienes han vivido y trabajado en un área por muchos años tienen muchas relaciones y contactos, y usted nunca sabe cuándo puede que tengan información sobre lo que entrará en el mercado a través de su red extensa.

TIPOS DE PROPIEDADES DE LA FLORIDA

El tipo de propiedad que usted escoja como su futura vivienda en la Florida será basada en varios factores que incluye sus necesidades personales del uso de la propiedad, ya sea si la intención es el retorno financiero o una vivienda para las vacaciones, su presupuesto, y su conocimiento. Como los tipos de propiedades disponibles tienen distintas ventajas y desventajas y las descripciones de las propiedades en América pueden ser diferentes de las de su país de origen, pensamos que es útil proporcionar un perfil de los tipos de propiedades más comunes que se encuentran en el mercado y de sus ventajas para los inversionistas.

Propiedades Frente al Océano, Frente al Golfo y Frente al Agua

Claro que, aparte del clima y de la reputación soleada, un gran atractivo de la Florida como destino son las aguas que la rodean, al igual que sus lagos espectaculares, ríos y canales. Entre éstos están sobre cuarenta vías fluviales designadas como «extraordinarias» por el Departamento de Protección Ambiental, al igual que la playa predilecta de los Estados Unidos, Siesta Key Beach, en nuestra ciudad natal de Sarasota. Las aguas brillantes de la Florida no sólo son calientes, pero en la mayoría de los lugares son cristalinas y es maravilloso nadar en ellas.

Aquéllos quienes están en condiciones de pagar los precios más elevados exigidos por una ubicación frente al océano (lado del océano Atlántico de la Florida), frente al Golfo (lado del Golfo de México), frente a la playa, o frente al agua se les recomienda hacerlo. Conseguir más casa por su dinero lejos del agua puede ser tentador, pero el estar en el agua es la manera más segura de garantizarle que consiga la mayor cantidad de retorno de su inversión cuando la vuelva a vender, o la alquile. La propiedad frente a la playa estará siempre en demanda ya que los que buscan estar en el sol, los que vienen a pasar vacaciones y los compradores de propiedades acuden en masa a ubicaciones frente a la playa para comprar un poco de la buena vida de la Florida.

Y vivir frente al agua no comienza ni termina en la playa—muchas propiedades «floridianas» están ubicadas en canales, ríos, y bahías, lo cual es una oferta de mercados altamente especializados, específicos y deseables, para personas en búsqueda de estilos de vida especiales: ya sea la pesca, la observación de las aves, los paseos en bote, el remo en kayak, o sencillamente estar cerca de las propiedades tranquilizantes del agua. Cada una de estas propiedades ofrece estilos de vida diferentes para los compradores y los turistas, y manifiestan diversos mercados altamente especializados para devengar un ingreso por alquiler.

Pero nunca se preocupe si las propiedades frente al mar están más allá de su alcance o no se ajustan perfectamente a lo que usted busca, todavía hay un sinnúmero de oportunidades de inversión en bienes inmuebles en la Florida. Desde los condominios, hasta las comunidades privadas, nuevas urbanizaciones, o viviendas en campos de golf, todo depende de lo que usted desea hacer con su dinero, en términos de estilo de vida y rendimiento de la inversión.

Algunas consideraciones que debería tener en mente en cuanto a las propiedades frente al agua incluyen, que el mantenimiento es un costo significativo, el cual debe añadido a los gastos normales de mantener una vivienda. El aseguramiento puede también ser mucho más alto para las propiedades en el agua.

¡¡AGUA!!, ¡¡¡AGUA!!!, ¡¡¡AGUA!!!

Exige los precios más altos tanto de alquiler como de reventa

PROS

Son las propiedades más deseables en el mercado, por lo general.

Más en demanda

CONTRAS

Muchos más costos de mantenimiento para los exteriores

Un seguro más caro

Puede destrozar los nervios en situaciones de tormenta/de inundación

Quizá plantea problemas de seguridad para los niños

Vivienda Unifamiliar

Si puede optar por una vivienda unifamiliar para su inversión inmobiliaria o casa de vacaciones, usted está haciendo un uso prudente de su dinero, ya que estas casas tienden a producir una apreciación más alta a través del tiempo y también los más altos ingresos de alquiler. Las desventajas con las viviendas unifamiliares incluyen un costo más alto, costos de mantenimiento más altos, y mantenimiento con uso más intensivo de mano de obra, especialmente en viviendas con piscinas. Pero las recompensas hacen que bien valga la pena, especialmente si usted se propone utilizar la vivienda con su familia. Nota: Aunque su vivienda unifamiliar no sea parte de una Comunidad de Propietarios (HOA, por sus siglas en inglés), lo más probable es que todavía existan restricciones y reglas vigentes acerca de asuntos diferentes, las cuales a menudo aparecen escritas en el título legal de la vivienda. Su abogado o su Realtor® deben estudiar éstas detalladamente al realizar la «diligencia debida» a su favor, con respecto a la propiedad.

PROS

Privacidad. Generalmente, tiene buen espacio al aire libre

Sensación de tener su propia vivienda

Generalmente puede tomar más decisiones sobre el aspecto de la propiedad

Tiene un atractivo más alto para el alquiler

CONTRAS

Más mantenimiento que en casas adosadas y en condominios

Un precio más elevado que en casas adosadas y en condominios

Un seguro más caro

Condominios

El pan de cada día del mercado de propiedades de la Florida, son los condominios, una opción formidable para los inversionistas. No sólo están algo disponibles en abundancia en la mayoría de las áreas principales, sino que tienden a ser más asequibles, y mucho más fáciles en términos de mantenimiento. Esto es beneficioso para los compradores internacionales, quienes utilizarán la propiedad solamente por parte del año, o no lo harán en absoluto. Además de la percepción de lo fácil que es ser dueño de una propiedad, la vida de condominio típicamente provee, a un presupuesto menor, un acceso a lugares tales como ubicaciones frente a la playa y en el centro de la ciudad, que el comprador no podría alcanzar en una vivienda unifamiliar. Puesto que los condominios en las ubicaciones más deseables son verticales, los compradores están pagando solamente una fracción del costo real de la tierra.

Los condominios generalmente se configuran para que cada titular sea dueño de su propia vivienda individualmente, y todos los propietarios del edificio son copropietarios de las zonas comunes. Una junta directiva maneja la Asociación de Propietarios de Condominios, y ésta es responsable del mantenimiento, de la limpieza y de la reparación de zonas comunes tales como entradas, vestíbulos, escaleras y tejado.

Las asociaciones de propietarios de condominios tienen reglas muy específicas, las cuales gobiernan la vida en el edificio. Las reglas y las condiciones para los dueños varían enormemente entre diversas asociaciones de propietarios de condominios. Éstas pueden incluir restricciones acerca de los animales de compañía, o limitaciones en el tamaño de los animales de compañía, así como restricciones en el alquiler de la propiedad. En la mayoría de los condominios también se requiere el pago de honorarios anuales, por el mantenimiento del edificio y de las zonas exteriores, así que es importante incluirlos en el cálculo de los costos de su propiedad. Es también importante tener conocimiento de todas estas cosas desde el principio, para poder decidir si el edificio que usted elije se adapta a su estilo de vida. Las asociaciones de propietarios de condominios tienen la responsabilidad de divulgar estas reglas y de poner a su disposición la documentación pertinente. Para ver un ejemplo de las reglas de una Asociación de Propietarios de Condominios vaya a: *www.lakesideplaza.com/our-association/ governing-documents/rules-and-regulations/*

Los condominios también son una gran opción para acumular valor en el mercado inmobiliario de la Florida, ya que la razón del retorno sobre la inversión tiende a ser bastante favorable cuando alquila y los condominios se están apreciando. La cantidad real varía de un área a otra. Como el súper portal de propiedades Trulia, declara: «Recomendamos condominios en el Sur de la Florida en general. El mercado de los condominios ha presenciado un aumento hasta del 60 por ciento en el precio de venta desde el 2011 y nosotros esperamos que el mercado experimente una recuperación sostenida, lo que hace que ahora sea la época perfecta para comprar».

El mercado de condominios parece ser una opción popular entre los compradores canadienses también, como se indica en este artículo reciente en el Canadian Financial Post: «Cerca de 80 por ciento de los canadienses quienes compran propiedades en la Florida están comprando condominios. Con este producto, pueden cerrar la puerta con llave y salir, y no tienen que preocuparse del mantenimiento exterior»."[5]

Generalmente muy seguro

Mantenimiento muy mínimo - solamente el interior

Más asequible que las casas adosadas u viviendas
    unifamiliares

P R O S   Las tarifas de retorno todavía pueden ser buenas pese a
    que el costo es menor

La Comunidad de Propietarios se encarga de todo el
    mantenimiento

C O N T R A S

Inusual tener espacio al aire libre

Ruido del vecindario

Poca Privacidad

Honorarios de la Asociación de Propietarios de
    Condominios

Casa Adosada o *Townhouse*

Las casas adosadas son propiedades que tienden a ser configuradas sobre dos o más pisos, en áreas donde el espacio de utilidad en el suelo está muy cotizado. Éstas tienden a ser de buen valor, ya que el valor de la tierra es generalmente inferior que en una vivienda unifamiliar parecida, la cual está más separada. La revista Canadian Real Estate Wealth Magazine informa: «Las casas adosadas son también populares, porque tienen honorarios mensuales más bajos que los condominios, pero usted puede típicamente tenerlas por cerca de los mismos precios. También, los alquileres tienden a ser más altos y atraen a más inquilinos orientados a la familia que los condominios. Las áreas en las cuales les recomendamos a nuestros inversionistas que compren están situadas en muchos de los suburbios de la clase media-alta de la clase media de Orlando, tales como Winter Garden, Windermere, Lake Nona y Lake Mary. Las propiedades de alquiler para las vacaciones son también una opción muy popular ahora para aquellos a los que no les concierne tanto un retorno a corto plazo, pero quienes están buscando ganar en grande en la ganancia sobre el capital a la larga.»[6]

PROS

Facturas de calefacción/de refrigeración levemente inferiores debido a tener casas en ambos lados

Menos mantenimiento del exterior que en las viviens unifamiliares

El mantenimiento del exterior, por lo general, es manejado por HOA

La experiencia de vivir en una «Casa», pero más asequible que una vivienda unifamiliar

Facilidad de vivir en una comunidad privada-bienestar y seguridad

Es dueño del terreno donde se sitúa la vivienda así como el interior y el exterior de la vivienda Tiene a menudo servicio de seguridad

Tener la experiencia de la «Casa» pero con menos jardín del que ocuparse

Tiene a menudo servicio de seguridad

CONTRAS

Posibilidad de escuchar el ruido del vecino

Jardines pequeños o espacio al aire libre

Poco que opinar de la fachada exterior de la propiedad

Honorarios de la Asociación de Propietarios (HOA)

A veces menos iluminación natural que en las viviendas unifamiliares

Menos privacidad que en las viviendas unifamiliares

Viviendas para Jubilados/Villas

Las viviendas para jubilados y villas están ganando popularidad a medida que la población alcanza una edad más avanzada y más y más personas nacidas después de la posguerra (1946-1960) se retiran con una renta disponible y con el deseo de disfrutar de la edad dorada. Las villas de retiro tienden a ofrecer una buena seguridad, una disponibilidad de instalaciones que son favorecidas por las personas mayores, actividades que a menudo se organizan en grupo, y los espacios comunes sociales o lugares de entretenimiento. Las comunidades de retiro tienen muy a menudo personal auxiliar, y puede ser posible comprar un arriendo a largo plazo, en vez de comprar la propiedad entera, de ese modo ahorrándole capital, pero brindándole una vivienda que usted «posee» durante mucho tiempo. Ésta puede ser una manera simple de evitar algunas de las complicaciones de ser el titular de una propiedad.

Bienestar y seguridad
Ayuda a la mano si usted la necesita
Poco o nada de mantenimiento
PROS   Propiedades instaladas para personas mayores
Actividades e instalaciones dentro de la comunidad

Honorarios para los servicios adicionales

Asociaciones de Propietarios de Viviendas

Es pertinente señalar aquí que la mayoría de las viviendas, particularmente en los barrios afluentes de la Florida, son administradas por la Asociación de Propietarios de Viviendas, o la HOA. Éstas son ligeramente distintas del concepto de las Asociaciones de Propietarios de Condominios, porque los titulares de los lotes individuales no son copropietarios de las zonas comunes. Estas zonas comunes son propiedad exclusiva de la HOA. Por lo general, poseen el título de propiedad, pero similarmente a una Asociación de Propietarios de Condominio, la HOA es responsable del mantenimiento y reparo de las zonas comunes.

Las Asociaciones de Propietarios de Viviendas son por lo general responsables de todo lo que afecta a la comunidad en conjunto, más específicamente la fachada exterior de la comunidad. Los reglamentos pueden servir para manejar todo desde los letreros de ventas para las visitas a la vivienda sin necesidad de concertar citas, el mantenimiento de la fachada de la propiedad, los colores que puede usar para pintar su propiedad, y las plantas que usted puede utilizar en su jardín, hasta el aspecto de su buzón, de su cerca, e inclusive de las cortinas.

Aunque para muchos compradores internacionales estas restricciones pueden parecer increíblemente dominantes, su propósito es asegurar que se mantenga la apariencia y el ambiente de la comunidad y hay innumerables beneficios de tener a una HOA para el manejo de su comunidad.

Específicamente, aseguran que los precios de las propiedades se mantengan, y que ninguna propiedad pueda «decepcionar al vecindario». Para ver un ejemplo de las reglas de la Asociación de Propietarios de Viviendas HOA para una vecindad, vaya al *www.bkia.org/images/Documents/2013%20 Governing%20Documents.pdf*

Comunidades Privadas

Las comunidades privadas son un fenómeno particularmente americano. Son enclaves de viviendas-a menudo construidas todos al mismo tiempo con un ambiente idéntico o muy similar-que tienen cierto tipo de seguridad o de entrada que las separa de la comunidad más amplia. Las comunidades privadas son valoradas a un precio que incluye la seguridad que ofrecen a sus residentes, así como su sensación de comunidad. A menudo estas comunidades son creadas alrededor de campos de golf, así que un interés compartido enlaza a los residentes junto con otros individuos afines. Son manejadas casi siempre por una Asociación de Propietarios de Viviendas o HOA.

EJECUCIONES HIPOTECARIAS Y VENTAS AL DESCUBIERTO

Uno de los resultados más tristes y lamentables de la explosión de la burbuja de las hipotecas de alto riesgo ha sido el alto índice de ejecuciones hipotecarias y de ventas forzosas en nuestro estado. Estas estadísticas son un hecho triste de la vida, y parte de la realidad en la que muchas personas se vieron forzadas a perder sus viviendas. Sin embargo, seríamos negligentes en nuestros deberes como agentes e intermediarios, si no destacáramos la oportunidad de inversión presentada por estos tipos de ventas.

La Florida encabezó la lista de estados con el mayor número de ejecuciones hipotecarias en el 2012,[7] y mientras esos casos enredados y difíciles son procesados a través del sistema y pueden resultar en dolores de cabeza para los compradores, son, para los tenaces, una oportunidad de alcanzar un buen valor. Aunque es otra realidad triste, un efecto agregado del aumento en el número de personas, que ya no son dueñas de sus propias viviendas, es que se crea una demanda más grande para los alquileres, lo que presenta una oportunidad para aquellos inversionistas que procuran beneficios de una inversión.

David Lockhart, presidente y CEO del Banco de la Reserva Federal de Atlanta, confirmó en el 2012, que los compradores internacionales están tomando nota del mercado de propiedades de hipotecas ejecutadas y de ventas al descubierto como una oportunidad para la inversión, diciendo: «Nuestros contactos en el sector inmobiliario han observado por algún tiempo que los inversionistas internacionales, principalmente de Canadá, de Europa y de Suramérica, han sido compradores activos de las ventas forzosas de propiedades residenciales de esta área».[8]

Mientras que en este sector se presentan oportunidades, y en muchos casos son una gran manera de adquirir valor, es realmente importante entender las complejidades y el proceso de la ejecución de hipoteca o de la venta urgente, y de ser representado por un agente realmente excelente, que entienda completamente y totalmente los matices truculentos del proceso de las ventas urgentes.

También algo que observar: muchas personas parecen creer que las propiedades poseídas por el banco y de hipotecas ejecutadas, a menudo no están incluidas en el SLM. Esto generalmente no es cierto, están incluidas la mayoría, pero puede que no aparezcan por un tiempo, en lo que la entidad de crédito entable juicio hipotecario. Hay un proceso intrincado por el cual el banco tiene que pasar antes de que la propiedad sea liberada al mercado. Esto incluye la asignación de un gestor de activos quien se encargue de la propiedad y la estabilice para mantener su valor. Por lo general, pueden pasar algunos meses antes de que la propiedad sea incluida en el SLM.

VENTA AL DESCUBIERTO CONTRA EJECUCIÓN DE HIPOTECAS

La diferencia clave entre las ventas al descubierto y las ejecuciones hipotecarias es que en una ejecución hipotecaria el banco toma posesión de la propiedad e inicia una venta forzosa para recuperar las pérdidas. Mientras que una venta al descubierto es una negociación delicada entre el titular de la propiedad y el banco o la entidad de crédito, para recuperar tanto como sea posible de la venta de la propiedad, lo cual se acreditará al préstamo que se debe a la entidad de crédito.

Si usted está mirando una propiedad que ha sido sujeta a

la ejecución de una hipoteca o es una venta al descubierto, es importante que entienda el proceso, para que usted sepa dónde está parado, hasta qué punto ha avanzado el proceso, y cuánto tiempo transcurrirá antes de que usted se convierta en el titular de la propiedad.

Trámite de la Ejecución de Hipoteca

1. **Evitación de embargo Hipotecario.** La entidad de crédito registra una demanda en el tribunal contra el prestatario quien ha fallado en mantener las devoluciones. Esto incluye registrar un aviso de pleito pendiente contra el prestatario. La entidad de crédito avisa por correo al prestatario, generalmente. Si no hay respuesta a la acción legal dentro del tiempo especificado, entonces, el prestatario se puede encontrar en defecto. La entidad de crédito entonces pediría a la corte una decisión final. Si esto va a favor de la entidad de crédito, entonces la decisión demostrará la cantidad total debida a la entidad de crédito, y la fecha para la venta de la propiedad cuya hipoteca será ejecutada. El prestatario puede prevenir la ejecución de una hipoteca pagando por completo la cantidad debida a la entidad de crédito antes de la fecha de venta de la propiedad cuya hipoteca será ejecutada.

2. **Aviso de Venta o de Subasta.** La fecha de venta es generalmente alrededor de 30 días después de que

la decisión del Tribunal sea establecida. El aviso se publica en el periódico local y en el sitio Web de la municipalidad por un periodo prescrito, el aviso final aparece por lo menos cinco días antes de la fecha de venta. La venta se lleva a cabo normalmente en el palacio de justicia del condado y/o en línea. Debido a la tecnología se ha hecho más fácil comprar de esta manera, aunque hay casos en donde hay un corto periodo de debida diligencia o ninguna, así que este proceso es solamente para el comprador conocedor, quien tiene un equipo en el lugar para realizar la debida diligencia rápidamente, antes de la venta. Hemos tenido clientes que han presionado el botón de «compre ahora» y han terminado con algo que no era lo que deseaban o esperaban, o que tenía problemas con el título, porque había otra entidad de crédito reclamando la propiedad. El licitador quien gane debe colocar cinco por ciento del valor de la propiedad como depósito, debiendo el resto al final del día. Si esto fracasa, entonces se ejecuta una nueva venta, no antes de que hayan transcurrido 20 días. Después de una venta exitosa se otorga al ganador el certificado judicial de venta, y el título de la propiedad se transfiere dentro del plazo de diez días siempre que la venta no sea disputada. El prestatario no tiene ninguna manera de rescatar la propiedad, después de que el certificado judicial de venta es emitido.

Trámite de la Venta al Descubierto

En una venta al descubierto el conocimiento de la región y la experiencia de su Realtor® es aún más importante; de hecho es fundamental para el éxito o el fracaso de la compra. Su elección de un agente determinará en última instancia si usted consigue o no su vivienda. Su agente necesita tener la experiencia y la habilidad para saber exactamente el valor verdadero de la propiedad, y lo que vale para usted. Como reiteramos durante nuestra presentación al Congreso, para nuestro negocio y cualquier pequeño negocio con integridad, todo resulta de la gente que usted tiene a bordo y de las relaciones que usted crea. En ningún lugar es esto más real que en una situación de venta urgente.

ASÍ QUE, ¿QUÉ ES UNA VENTA AL DESCUBIERTO?

La venta al descubierto se puede definir muy simplemente: cuando la propiedad se vende por menos de lo que se debe al banco. En el ambiente inmobiliario único de hoy muchos compradores están pidiendo a la entidad de crédito que acepte menos de lo que debe y que perdone al prestatario por la diferencia en el préstamo. Esta decisión depende de la entidad crediticia y se requiere una gran cantidad de papeleo y tasación para llegar a esa decisión. Si usted está tratando de comprar una propiedad que esté en este proceso, prepárese a esperar hasta que acaben las discusiones, y cerciórese de que usted tenga al agente adecuado para ayudarle a lograr que su oferta sea aceptada.

Una Venta al Descubierto que alistamos.....

Para ilustrar los desafíos relacionados con una venta al descubierto, compartimos la historia de una propiedad que habíamos puesto a la venta durante dos años en un mercado en vía de depreciación. Inicialmente, teníamos un comprador quien deseaba comprar la vivienda por $1,2 millones, pero la entidad de crédito no estaba lista a aceptarla. Avance rápido 15 meses más tarde y la entidad de crédito aceptó una oferta de 280.000 dólares (23 por ciento) menos. ¿Por qué? En este caso, el primer comprador estaba listo, dispuesto y en condición, la entidad de crédito tenía toda la información requerida para tomar una decisión, las valoraciones apoyaron la oferta, pero la entidad de crédito no estaba lista. Quince meses más adelante trabajamos con un negociador de la misma entidad de crédito con años de experiencia quien es remunerado por su desempeño. La diferencia: Fuimos de contrato a formalización en 60 días por 280.000 dólares menos. Como todas las cosas en la vida, una venta urgente se trata todo de la gente.

¿CUAL SERÍA NUESTRO CONSEJO PARA CUALQUIER PERSONA QUE BUSQUE UNA PROPIEDAD DE VENTA URGENTE?

1. **Sea Paciente.** Las ventas al descubierto pueden realizarse tan rápido como en 60 días, pero más típicamente toman hasta seis meses. El comprador tiene que estar preparado a esperar por trámites en los cuales el banco y el vendedor negocian los detalles de lo que la entidad de crédito está preparada a aceptar.

2. **Obtenga el Realtor® adecuado.** Como cualquier negocio inmobiliario una venta urgente se trata todo de la gente. Cerciórese de que su Realtor® tenga mucha experiencia con ventas al descubierto. Un Realtor® con experiencia mantendrá el negocio encaminado, siendo persistente y negociando constantemente con la entidad de crédito o el agente del vendedor. Esa relación es absolutamente crítica para el éxito de una venta urgente. Su Realtor® también necesita tener conocimiento íntimo del mercado local para conocer el valor verdadero de la vivienda.

3. **No Cuente con una Venta al Descubierto.** El porcentaje de ventas al descubierto ha disminuido desde 2009/2010. Mientras que todavía hay oportunidades, han llegado a ser mucho menos frecuentes. Por un lado eso significa menos «buenos negocios» que encontrar, pero por otra parte es una señal de que las propiedades locales y las economías locales han experimentado una recuperación sólida.

¿DÓNDE DEBERÍA COMPRAR EN LA FLORIDA?

La Florida es renombrada mundialmente por algunos de sus tesoros. Pero otras joyas, tales como su increíble diversidad natural, su belleza excepcional, y patrimonio cultural, pasan inadvertidas por muchos cazadores de propiedades atraídos por el sol, el mar y la arena de los puntos de encuentro tradicionales de la Florida. De hecho, creemos que la Florida ofrece una variedad increíble a dueños potenciales de una segunda vivienda, una variedad que se extiende mucho más allá del oropel y glamour de Miami

Beach, o el entusiasmo del parque temático más grande del mundo, que atrae a 125 millones de personas a través de sus felices puertas cada año. Más allá de esta atracción de fama mundial hay 11 Parques Nacionales, 1.651 lugares en el Registro Nacional de Lugares Históricos, y un lugar en la Lista del Patrimonio de la Humanidad de UNESCO. Además hay ciudades más pequeñas con escenarios de artes vibrantes y de música, ciudades con playas relajadas, y remansos de agua soñolientos famosos por sus ostras y mariscos, así como la vida multicultural y la vida nocturna de nuestras metrópolis principales.

Hay 700 manantiales naturales (entre la mayor concentración en la tierra) los cuales ofrecen una miríada de canales de aguas cristalinas para paseos en bote, el nado y oportunidades para la observación de la vida silvestre, así como una masa de canales de aguas verdes a través del sur de Florida, llamada los Everglades. Este hábitat cubrió una vez 4.000 millas cuadradas, y sigue siendo uno de los ecosistemas más diversos de Norteamérica, y un hogar para los cocodrilos, las panteras de la Florida, y centenares de especies de pájaros. El Parque Nacional de los Everglades, el único páramo subtropical en Norteamérica, ahora es un sitio reconocido como Patrimonio de la Humanidad, una Reserva de la Biosfera Internacional y Humedal de Interés Internacional. Agregue a esto 1.200 millas de litoral, jactándose de algunas de las mejores arenas de los Estados Unidos, y de milla sobre milla de playas increíbles, manglares, marismas salinas, y arrecifes de coral y usted tiene, en nuestra opinión, una cantidad increíble de diversidad, varias opciones de estilo de vida y, sin duda alguna, algo que ofrecer a cada comprador que busca un vivienda de vacaciones o como una inversión.

PERSPECTIVA GENERAL: DÓNDE COMPRAR

Una de las solicitudes más comunes que recibimos de personas en búsqueda de propiedades en la Florida es un resumen general de precios. Es decir, «dónde es barato» comprar. De hecho, es verdaderamente difícil poder generalizar ya que los precios, dondequiera, se ven afectados por una miríada de matices dentro de mercados individuales. Cada comunidad puede estar dividida en diversos micromercados, y cada micromercado tiene su propio submercado. Un ejemplo, en nuestra ciudad natal de Sarasota, es Bird Key que es una isla barrera residencial que crea un micro mercado de 500 viviendas. Dentro de esto tenemos tres submercados: frente a la bahía, frente al canal, y viviendas con jardines, cada uno con su propio rango de precios diferenciado.

Esforzándonos por proporcionar unos cuantos brochazos amplios y contestar a esta pregunta, sin embargo, aplicamos este resumen muy general:

Noroeste: Los precios tienden a ser menores en el norte, que está más lejos de las enormes zonas turísticas y atracciones. Ésta puede no ser la mejor inversión para obtener un beneficio por el alquiler, pero como una opción de vivienda para las vacaciones y una opción de estilo de vida, sigue siendo un lugar espléndido para comprar, y un ganador para ésos en búsqueda de un ritmo de vida más reservado, más apacible.

Sudeste: Otra amplia generalización es que, la costa sudeste del Atlántico — que abarca Miami, Ft. Lauderdale y Palm Beach hasta Orlando — tiende a ser generalmente más cara que la costa sudoeste del Golfo. Este estrecho incluye algunas de las residencias más caras en América, con viviendas multimillonarias (en dólares estadounidenses) impulsando hacia arriba los precios medianos de las viviendas. Sin embargo, si usted elige su área de manera prudente, lejos de los enclaves ultra-adinerados de Palm Beach, sigue siendo posible conseguir una vivienda de tres habitaciones, unifamiliar con una piscina cerca de la cifra de $250.000. En el mercado del sur de la Florida los retornos son menores, extendiéndose de 6-10 por ciento, pero la apreciación y los precios son mucho mayores. Sin embargo, esto depende del apetito de riesgo del inversionista y de sus metas de inversión.[9]

El mercado de propiedades de Miami es en verdad, una ley en sí misma. Los precios típicos de un apartamento comienzan alrededor de $300.000—lo cual no es necesariamente caro, para estar en una de las metrópolis más interesantes del mundo y con todo lo que la ciudad tiene para ofrecer. De hecho, Miami es quizás la ubicación que se ha recuperado más rápidamente, con una afluencia de compradores de América Latina. El inventario está bastante bajo ahora, lo que significa que los precios solamente irán en una dirección. No obstante, sigue siendo posible conseguir un buen negocio en condominios, ya que este mercado experimentó un auge de la construcción, por lo cual tiene el mayor inventario disponible.

Nordeste/Central: Las grandes atracciones de Disney, Universal y Sea World se concentran alrededor del centro del estado y creemos que el potencial del turismo masivo de estas áreas mantiene los precios altos-pero también ofrece un enorme potencial de beneficio por el arrendamiento a turistas, así que los valores son probablemente justos. Según Shalimar Santiago, el CEO de Investor's Advisors Network, LLC, la parte central de la Florida es actualmente el mercado más caliente, desde Orlando hasta la región de Tampa, con rendimientos en promedio de 8-12 por ciento.[10]

Sudoeste: Los precios son algo más bajos que en el sureste. El potencial de alquiler fuerte en el verano viene de los europeos y de los americanos durante las vacaciones escolares de verano. En términos de estilo de vida, esta costa es fabulosa, y se jacta de algunas de las mejores playas del país. Esto ha ayudado a que los precios de las propiedades en la zona costera se disparen súbitamente-lo que puede más que duplicar los precios de propiedades equiparables en el área de Orlando, y ayuda a explicar por qué el 60 por ciento de la gente más adinerada del país pasa el invierno o en esta costa sudoeste del Golfo en Naples o en Palm Beach en la costa sudeste del Atlántico.

Nuestro propósito no es que este libro sea una guía turística. Es el de proporcionar una descripción de las cuatro zonas principales de la Florida, de modo que usted pueda entender el estilo de vida de estas áreas, y de las consideraciones a tomar en cuenta, para sentar las bases de su compra de una propiedad en la Florida. Y quizás, lo más importante es, ayudarle a encontrar a personas con quienes usted podría trabajar durante el proceso de investigar, de mirar y de comprar, de modo que pueda encontrar ese lugar magnífico.

Resúmenes de Mercado

Cuadrante Sudeste

West Palm Beach

Población: 101.000
Condominio: $100.000 - $3M
Vivienda Unifamiliar: $150.000 - $3,9M
Zona de Costa: (Palm Beach): $150.000 - $59M
Categoría de Potencial de Inversión: ****
Aeropuerto Internacional más cercano: Aeropuerto
Internacional de Palm Beach

West Palm Beach es una ciudad próspera y llena de actividad con una abundancia de diversidad y una cultura vibrante. Establecida a lo largo del Canal Intracostero del Atlántico cuenta con un Centro Histórico, así como con muchas otras zonas históricas. La ciudad de West Palm Beach es un centro para las artes y la historia con los aclamados Antique Row, el Kravis Center para las Artes Dramáticas y el Museo de Arte Norton. Hay dos áreas de compras importantes ubicadas en el centro, en la Calle Clematis y en City Place, que cuentan con tiendas formidables, restaurantes y entretenimiento nocturno. West Palm Beach tiene un clima de bosque tropical, y es una de las ciudades más lluviosas de los EE. UU.

El mercado inmobiliario de West Palm Beach es complejo, y en el transcurso del año pasado ha experimentado un descenso del 44 por ciento en el inventario de propiedades y una subida del 28 por ciento del precio mediano,[11] todo lo que crea un mercado increíblemente ceñido y competitivo. Sin embargo, la compra de propiedad aquí es una apuesta segura a largo plazo. En West Palm Beach el mercado de propiedades en la zona de costa se compone de condominios frente a la costa-muchos de cuáles se registran como viviendas unifamiliares. Es posible llevarse un condominio de un dormitorio con vista al mar por $150.000, y en el extremo superior del mercado, los condominios de lujo sensacionales con tres dormitorios y vistas al mar están disponibles por alrededor de $800.000 y hasta $3 millones. Fuera del agua es posible conseguir una vivienda unifamiliar de tres dormitorios de construcción nueva en un campo de golf por $150.000 o una vivienda cómoda con vista al lago por cerca de $200.000. Y hay viviendas hermosas de cinco habitaciones con piscina en el rango de precios de $500.000. Cruzando por el mismo Palm Beach, usted descubrirá algunas de las propiedades más costosas de América, con haciendas frente a la playa que regularmente se venden por decenas de millones, y las cuales ¿serán actualmente, las más costosas que se alistan? Un puro placer para la vista de $59 millones de dólares.

Boca Ratón

Población: 84.000

Condominio: $123.000 - $7,9M

Vivienda Unifamiliar: $500.000 - $11,9M

Zona de Costa: $400.000 - $11,9M

Categoría de Potencial de Inversión: ***

Aeropuerto Internacional más cercano:
Aeropuerto Internacional de Fort Lauderdale-
Hollywood, 19,45 millas

Boca Ratón se encuentra en el corazón de la Costa Dorada de la Florida y el condado de Palm Beach. Tiene algo para todos aquellos que buscan el estilo de vida vacacional, los restaurantes de exquisita gastronomía, los campos de golf de clase mundial y fabulosas playas. Además, boutiques de alto nivel, museos excelentes y tiendas especializadas se pueden encontrar por todas partes de la ciudad. Esto es un verdadero firmamento de comunidades privadas, con tres de las comunidades privadas más caras de los EE. UU. localizadas en la ciudad. Creada en gran parte por Addison Mizner en la primera parte del vigésimo siglo, la ciudad fue planeada desde el principio como patio de diversión para los acaudalados y los fabulosos, y ha tenido éxito rotundo en satisfacer su objetivo. Se jacta de 44 parques, y 20 campos de golf. La riqueza abunda, y las propiedades y las comunidades hermosas rodean el agua, los campos de golf y las áreas en el centro de la ciudad.

Una vez más, en Boca Ratón el mercado de propiedades inmobiliarias gira alrededor del mercado de los condominios. Es posible conseguir un condominio sencillo en una comunidad turística con piscina por alrededor de $120.000, pero realmente para adquirir un condominio adecuado para vivir con la familia cerca de la playa, usted necesitaría invertir por lo menos $300.000 y, con vistas oceánicas, por lo menos $380.000. Hay muchas más opciones para los condominios costeros en el rango de $500.000 en adelante. No hay realmente muchas viviendas unifamiliares en Boca Ratón por debajo de los $500.000-este mercado es competitivo y costoso y aquellas personas con presupuestos por debajo del medio millón de dólares estarían casi ciertamente restringidas al mercado de los condominios. Las viviendas frente a la playa están obviamente disponibles únicamente en los tramos superiores de $6 millones o más.

Port St. Lucie

Población: 155.000

Condominio: $70.000 - $330.000

Vivienda Unifamiliar: $100.000 - $1,9M

Zona de Costa: $170.000 - $1,9M

Categoría de Potencial de Inversión: ****

Aeropuerto Internacional más cercano: Aeropuerto Internacional de Palm Beach - 53 millas

Ubicada en la Costa del Tesoro de la Florida y a poco menos de una hora de manejo desde Palm Beach, St. Lucie es una ciudad menos desarrollada, y más tradicional de la Florida. Los precios aquí son más bajos que en partes más acaudaladas de la región, y la ciudad está creciendo y está prosperando, lo que hace que sea una buena opción para esos dispuestos a ir la milla extra para conseguir buen valor y estilo de vida. El paraje circundante es encantador con refugios ambientales para ir de excursión, ríos para remo en kayak, e ir de paseo a caballo en las playas cercanas.

Los precios son un incentivo grande en Port St. Lucie. Los inversionistas pueden comprar un condominio por $65.000-$70.000 y alquilarlo a largo plazo por $850/mes. Esto es un buen rendimiento, y es difícil encontrar este precio de compra con un retorno de inversión de 6-7 por ciento en otras ciudades de la Florida. Port St. Lucie es menos conocida que otras ciudades en esta costa, pero aquellos que buscan una inversión a largo plazo serían prudentes si lo consideraran. Esta comunidad no es la adecuada si usted está buscando invertir en una vivienda para las vacaciones o en una propiedad de alquiler durante un periodo corto de vacaciones. Es posible conseguir un condominio de tres habitaciones aquí, por alrededor de los $80.000 y un condominio con una vista al mar adecuada por alrededor de $160.000. El punto de entrada para las viviendas unifamiliares puede ser tan bajo como de $100.000. Las viviendas costeras espaciosas con muelle privado están disponibles por alrededor de la cifra de

$650.000. En el extremo superior del mercado, en el rango de $1,2 a $1,9 millones hay algunas viviendas maravillosas que ofrecen un estilo de vida increíble, a un rango de precios de venta más bajos que en ciudades tales como Ft. Lauderdale, Orlando, o West Palm Beach.

Ft. Lauderdale

Población: 165.000
Condominio: $150.000 - $14M
Vivienda Unifamiliar: $300.000 - $32M
Zona de Costa: $400.000 - $32M
Categoría de Potencial de Inversión: ***
Aeropuerto Internacional más cercano: Aeropuerto Internacional de Fort Lauderdale-Hollywood, 5 millas.

La ciudad de Ft. Lauderdale, más conocida en épocas remotas como destino para las vacaciones de primavera, hoy en día tiene una imagen mucho más encantadora. En sus calles animadas los ricos y famosos se dedican a sus negocios, y las mansiones frente al mar, así como los vecindarios históricos en calles alineadas por árboles, ayudan a hacer que el mercado de las propiedades sea costoso. La ciudad es conocida por sus centros de compras, sus playas y su escena de yates, a veces siendo referida como la capital del mega-yate. Las 165 millas de canales, y el acceso al Canal Intracostero hacen que sea un destino popular para los navegantes de botes de todas las formas y tamaños. Además de esto, hay una próspera escena artística, centro de artes dramáticas, y museos. Los Everglades están cerca para los placeres naturales y el Océano Atlántico proporciona actividades acuáticas en abundancia. La gente elige a Ft. Lauderdale como una ubicación más reservada que Miami, pero aún con el escenario de vida nocturna diversa y sofisticada, y de compras por la cual esa ciudad es famosa.

El mercado de Fort Lauderdale es popular entre los compradores canadienses, muchos de quienes están comprando los condominios que necesitan reparos, y los están renovando para venderlos y obtener una ganancia. Los europeos que poseen un capital contable alto todavía están comprando propiedades deseables en South Beach, aunque ha habido menos actividad de Alemania, de Italia y de Gran Bretaña en los últimos años debido a la economía. El mercado de Fort Lauderdale se ha recuperado bien, con un ascenso de precios constante, y un inventario bastante saludable de ocho meses en el mercado. Aunque, ese nivel de inventario ha bajado un 33 por ciento comparado a la misma fecha el año pasado. El extremo más caro del mercado está prosperando en Fort Lauderdale, con una gran cantidad de propiedades sobre los $2 millones, y muchas sobre los $10 millones. En la cúspide del extremo superior, las mansiones frente a la costa pueden costarle hasta unos $32 millones. Para precios de venta más modestos, tales como los de las propiedades básicas que pueden ser restauradas, realmente no hay mucho inventario por menos de $150.000. Y a ese precio de venta la vivienda sería para el alquiler a largo plazo o el aprecio a largo plazo, más bien que para el mercado de alquiler durante las vacaciones. A un precio de $250.000 es posible conseguir una casa adosada con dos dormitorios que pueda servir como vivienda de vacaciones, pero para una vivienda unifamiliar moderada de tres habitaciones con vista al agua, usted realmente está mirando a un costo de $500.000 en adelante. En el mercado de condominios es posible conseguir un condominio de un dormitorio a un par de cuadras de la playa, que necesite restauración, por alrededor de $150.000. Si no, un condominio con dos dormitorios frente al agua del Canal Intracostero le costará $400.000 o más. En el extremo de lujo del mercado de condominios hay un número de propiedades dispersas que alcanzan a los $14 millones, pero la mayor parte del mercado de condominios de lujo yace en el rango de $1 millón a $3 millones.

Miami

Población: 413.000

Condominio: $300.000 - $27M

Vivienda Unifamiliar: $300.000 - $25M

Zona de Costa: $600.000 - $25M

Categoría de Potencial de Inversión: ****

Aeropuerto Internacional más cercano: Aeropuerto Internacional de Miami

El mercado de propiedades de Miami podía realmente llenar todo un libro. La vasta metrópolis tiene casi todo que ofrecer a compradores desde áreas residenciales descontroladas, a las mansiones extensas frente al océano, hasta apartamentos de estilo sensacional en la ciudad. Miami también califica como un centro de deportes profesionales, con un equipo de fútbol americano, un equipo de béisbol, un equipo de hockey sobre hielo y un equipo de baloncesto. También se conoce como destino para las artes, y tiene varios lugares importantes para conciertos.

El mercado de propiedades de Miami tuvo un mal desempeño durante el desplome, con la caída de precios a niveles bajos y de súbito. Sin embargo, ha rebotado con ganas, y ahora parece estar en un pie mucho más firme como destino a nivel mundial, con una vibración urbana y atractiva parecida a Barcelona, a Estambul, o a Medellín. Miami vio una explosión de la inversión extranjera en su punto más bajo, lo que ayudó a reforzar y a recuperar el mercado. Ahora como se han levantado los precios, el que siempre va a la caza de ofertas con su dinero está mirando a otra parte, y los precios de Miami se han ajustado, lo que deja poca oportunidad. El encuentro de oportunidades mejores requiere de mayor paciencia y determinación.

Este mercado, según nuestros colegas, está viendo la escasez de propiedades para la venta y precios ascendentes, aunque existe en marcha un esplendor de nuevas construcciones. Miami ha sido siempre una ciudad muy multicultural, y tiene enormes comunidades suramericanas. En años recientes, esto ha incluido una gran concurrencia de compradores internacionales del Brasil y de Venezuela. Los clubes de entretenimiento nocturno de la ciudad, el escenario de las fiestas, el escenario artístico y el escenario náutico son renombrados a nivel mundial. Agregue a eso, restaurantes de vanguardia, una economía próspera, y las playas de la ciudad, algunas de las cuales son las más animadas del mundo, y usted tiene la mezcla embriagadora de lo que es Miami.

El inventario por debajo de $200.000 ahora es 60 por ciento menos de lo que era en 2012. Realmente, para entrar en este mercado, los compradores necesitan estar dispuestos a pagar por lo menos $300.000. En el extremo superior del mercado, los condominios frente a la costa en las vecindades más deseables van por una cifra asombrosa de $27 millones, mientras que hay viviendas unifamiliares impresionantes frente a la costa, disponibles a un precio de $20 millones. Si usted está buscando una vida de lujo frente al mar, podría llevarse un condominio en Fisher Island por cerca de $11 millones. A precios de venta más bajos, con $300.000 podrían conseguir un apartamento de un dormitorio en una comunidad deseable en el corazón de la ciudad, o una vivienda de tres habitaciones, en una propiedad administrada lejos del zumbido del centro de la ciudad. Hay viviendas unifamiliares bien construidas con piscina disponibles por cerca de $600.000, aunque, si usted desea estar en donde está la acción, el mismo precio le consigue un condominio de lujo de un dormitorio frente al mar. Por $1 millón hay viviendas de cinco dormitorios disponibles frente al lago, si no, si usted desea estar frente al mar, en una vivienda unifamiliar, tendría que considerar un gasto de por lo menos $3,5 millones. Miami es un mercado competitivo estupendo, pero también una inversión sensata a largo plazo si usted puede entrar. Una vez más, todo se reduce a si usted desea un vivienda de vacaciones, o una propiedad de alquiler a largo plazo y qué clase de retorno usted está buscando. De cualquier manera, que quede bien claro, el mercado de Miami está caliente.

Cuadrante Sudoeste

Tampa

Población: 335.000
Condominios $50.000 - $1,2M
Vivienda Unifamiliar: $175.000 - $3M
Zona de Costa: $200.000 - $5M
Categoría de Potencial de Inversión: ***
Aeropuerto Internacional más cercano: Aeropuerto Internacional de Tampa

Tampa es la tercera ciudad más grande de la Florida y tiene todas las atracciones y amenidades que usted esperaría en una ciudad grande con una riqueza histórica: un museo excelente, un acuario, teatro y parque zoológico, además de ser la residencia de Busch Gardens, y del Aeropuerto

Internacional de Tampa, lo que le hace un punto de entrada conveniente para los visitantes, y un destino turístico por derecho propio. En los alrededores, hay una gran cantidad de oportunidades para jugar golf, practicar deportes acuáticos y pasear en bicicleta, lo que hace de Tampa un lugar muy deseable.

El mercado de inversión de Tampa ha estado bastante agresivo recientemente, con los grandes inversionistas comprando enormes franjas de viviendas y de terrenos, particularmente viviendas cuyas hipotecas han sido ejecutadas. Sin embargo, todavía queda inventario en el mercado, y en julio del 2013 el inventario había crecido un 11 por ciento, lo que es un buen indicador de que existen algunas opciones en el mercado, aunque el inventario está disminuyendo lentamente a largo plazo. También hay que destacar: el precio de oferta mediano aumentó un 6,5 por ciento del mes anterior[12] a $189.000. Estas cifras son constantes con el patrón general del mercado, el cual es la existencia de un inventario estable, y de precios en ascenso a un ritmo constante. El precio de oferta mediano alcanzó su cúspide en abril del 2006, y ahora se encuentra en un nivel inferior, del 34,3 por ciento de ese precio, pero todavía se ha elevado por más de un tercio de su punto más bajo en la historia, en el 2011. Esto proporciona información sensata de que actualmente, el mercado se aprecia con estabilidad.

St. Petersburg

Población: 244.000

Condominio: $65.000 - $1M

Vivienda Unifamiliar: $150.000 - $2M

Zona de Costa: $100.000 - $7M

Categoría de Potencial de Inversión: ****

Aeropuerto Internacional más cercano - Aeropuerto Internacional de Tampa: 15 millas, Aeropuerto Internacional de Sarasota - Bradenton - 26 millas

St. Petersburg es un destino popular para las vacaciones y la segunda ciudad más grande del área de Tampa Bay. La ciudad se apoda «La Ciudad del Sol Brillante» ya que se informa que disfruta de 361 días de sol al año. En el 2011 la revista American Style calificó a St. Petersburg como la ciudad mediana número uno de América, debido en parte a su vibrante escenario artístico. La ciudad tiene un clima subtropical, con una estación lluviosa definida a partir de junio y hasta fines de septiembre, aunque existen muchos microclimas diversos, a lo largo de sus orillas debido a su ubicación en la península y a la forma de su bahía. St. Petersburg es famosa por su Museo de Salvador Dalí, así como su Museo para Niños, y el Museo de Bellas Artes. Para aquellos en búsqueda del esplendor natural, la Reserva Natural Boyd Hill a la orilla del Lago Maggiore, es una reserva de 245 acres y vivienda de mucha de la fauna exótica y de las plantas en peligro de extinción de Tampa Bay.

St. Petersburg es popular entre los europeos que buscan adquirir propiedades de la Florida, ya que el centro de la ciudad da la sensación de ser una pequeña Riviera Francesa. A menudo, desean remodelar una propiedad y venderla para obtener una ganancia, y muchos están buscando realizar un 15 por ciento de retorno sobre su inversión. Aunque no hay vuelos internacionales directos-y esto puede ser motivo de que algunos al principio pierdan interés-una vez que la mayoría hagan el viaje una vez o dos veces, se dan cuenta de qué tan accesible es la ciudad y de lo fácil que es el traslado. Usted puede también conseguir un mejor valor, debido a la carencia de vuelos internacionales directos. Actualmente, el precio de oferta mediano en St. Petersburg es $129.000, lo cual es un aumento del 13 por ciento del año anterior, y el inventario es de únicamente 1.564 propiedades, el cual es increíblemente escaso para un condado de este tamaño. Este inventario ha sido el patrón cercano en los últimos dos años, e indica que la competencia es feroz, particularmente en el extremo inferior del mercado. Nuestros Realtors® en ese territorio indican que estas propiedades se venden tan pronto como se lanzan al mercado. Los precios están subiendo, así que si usted puede conseguir una propiedad ahora, es muy probable que esté realizando una buena inversión.

Sarasota

Población: 51.000

Condominio: $100.000 - $4M

Vivienda Unifamiliar: $200.000 - $10M

Zona de Costa: $250.000 - $10M

Categoría de Potencial de Inversión: ****

Aeropuerto Internacional más cercano: Aeropuerto

Internacional de Sarasota - Bradenton - 5 millas.

Sarasota no sólo yace a lo largo del Golfo de México, sino que además incluye siete islas barrera. El resultado es un paisaje panorámico de varias playas distintas, estuarios de la bahía, puentes, y canales incontables, pantanos y canales más pequeños que invaden muchas vecindades. Cada isla (también referida como un Cayo) ofrece su propio estilo de vida e identidad. La herencia de Sarasota está profundamente vinculada al magnate del circo, John Ringling. Ringling hizo de Sarasota su vivienda invernal y aportó mucho a transformar su desarrollo. Con él también trajo a sus compañeros acaudalados del Medio Oeste de los Estados Unidos, quienes a su vez crearon una herencia filantrópica. El resultado es que Sarasota tiene hoy una cultura artística vibrante, con su propia ópera, ballet clásico, y uno de los centros de artes dramáticas más prolíficos y más lucrativos del país. Siesta Key Beach, en una de las islas de barrera de Sarasota, está denominada como la playa #1 en los EE. UU., y Sarasota de por sí es conocida como uno de los mejores destinos donde jubilarse en América. Agregue a esto la abundante flora y fauna de las vías navegables de Sarasota, el Parque Estatal Myakka, las buenas escuelas y un bajo índice de criminalidad, y usted tiene un gran destino de estilo de vida. Si usted agregara todo el terreno público disponible para caminar, pasear en bicicleta y practicar el senderismo, el Condado de Sarasota sería el veintitercer parque nacional más grande de los Estados Unidos. Con sus hermosas puestas de sol, playas de arena blanca, y comunidad artística vibrante, Sarasota ha experimentado un auge en número de visitantes e inversionistas internacionales.

Nuestro equipo de Realtors® de Sarasota tiene más de 50 años de experiencia combinada en esta área. Por supuesto, somos parciales, Lee creció a lo largo de esta hermosa costa y hemos elegido criar a nuestros hijos aquí. Pero poniéndonos los sombreros de MBAs de Duke, también sabemos de primera instancia qué tan formidable puede ser una inversión en Sarasota-especialmente en el mercado más exclusivo y de lujo frente al mar, donde las propiedades superan generalmente a los extremos medianos e inferiores del mercado. Más que eso, creemos que Sarasota ofrece una opción de estilo de vida excepcional, y se hace más popular cada día, por exactamente esa razón.

Desde que el péndulo se meció en dirección opuesta a mitad del 2013 creando un mercado de vendedores, Sarasota se ha estado adaptando a un mercado más equilibrado, en donde ahora los compradores y los vendedores están en pie de igualdad. La competencia es saludable en el mercado de las mejores propiedades. Los precios están aumentando, y la propiedad adecuada que se compre ahora probablemente continuará aumentando en valor. Como se ha comprobado en años recientes, en el extremo más alto del mercado existen magníficas oportunidades que captar, pues la competencia es mayor para propiedades valoradas entre $100.000 y $750.000, donde yace el 80 por ciento del mercado.

Ft. Myers

Población: 62.000

Condominio: $100.000 - $2,4M

Vivienda Unifamiliar: $250.000 — $14M

Zona de Costa: $500.000 - $14M

Categoría de Potencial de Inversión: ***

Aeropuerto Internacional más cercano: Aeropuerto Internacional del Sudoeste de la Florida - 14 millas.

Fort Myers es una ciudad pequeñita que forma la puerta de entrada al sudoeste de la Florida, y a destinos turísticos principales. La ciudad tiene una temperatura cálida durante todo el año, ya que su clima yace al borde entre tropical y subtropical. Como con gran parte de la Florida, los inviernos calientes la hacen popular para los norteños (personas que buscan escaparse de los inviernos fríos). De hecho, dos de los residentes más famosos de la ciudad, Thomas Edison y Henry Ford, famosamente hacían eso cuando eligieron a Fort Myers para construir sus hermosas mansiones, que ahora son atracciones turísticas. Fort Myers es popular por su pesca, playas y compras, con un centro de ciudad histórico.

La ciudad también se beneficia de tener al Aeropuerto Internacional del Sudoeste de la Florida a 10 millas de distancia, y para los compradores internacionales, esto es un beneficio, pues es servido por muchos vuelos directos desde Europa.

Fort Myers es un mercado muy popular para europeos, con algunos Realtors® informando que, los clientes europeos componen 80 por ciento de su negocio. Hay vuelos a Fort Myers desde Düsseldorf, lo que crea una ruta popular para muchos europeos quienes eligen conexiones desde su ciudad natal, a través de Düsseldorf, directamente a la Florida. El precio mediano de una vivienda en Fort Myers ahora es $189.000, el cual representa un aumento de siete por ciento de un año atrás[13] y el inventario ha disminuido un 18 por ciento en el mismo período. Esto indica que el inventario es escaso, y es un mercado competitivo, pero los precios quizás no están subiendo tan rápidamente como en algunos de los otros mercados de la Florida. Sin embargo, eso no es necesariamente algo negativo: el aprecio constante y saludable es siempre indicativo de un mercado estable.

Cape Coral

Población: 154.000

Condominio: $80.000 - $380.000

Vivienda Unifamiliar: $160.000 - $5M

Zona de Costa: $500.000 - $5M

Categoría de Potencial de Inversión: ***

Aeropuerto Internacional más cercano: Aeropuerto Internacional del Sudoeste de la Florida - 14 millas.

No lejos de Ft. Myers yace Cape Coral, otro popular destino internacional de inversión inmobiliaria. Cape Coral fue fundada en 1957 y fue una ciudad previamente planificada en su totalidad, lo que la hace inusual. Es la ciudad más grande entre Tampa y Miami y es referida como el «Frente al País de las Maravillas» ya que tiene más de 400 millas de canales navegables. De hecho, Cape Coral es la ciudad con el número más grande de canales en el mundo. Esto la hace un gran destino para la inversión para los que disfrutan de la vida al lado de canales de agua, de la pesca y de la vida silvestre. Los campos de golf de Cape Coral, y las playas de la Costa del Golfo son también un atractivo importante y la ciudad también tiene un parque acuático popular. Desde los años 90 Cape Coral ha atraído a un público más joven y a más familias, ya que las oportunidades de empleo han aumentado. Veinte por ciento de la población es también estacional, lo que señala un buen potencial de inversión para el retiro, las vacaciones y el turismo. Los veranos en Cape Coral son muy calientes, húmedos y lluviosos, mientras que los inviernos son secos con temperaturas moderadas.

Cape Coral experimentó una caída de casi 40 por ciento del precio de oferta mediano para viviendas en el punto más inferior durante la recesión. Sin embargo, mientras que no ha vuelto a subir a esos niveles embriagadores asociados con la burbuja, el mercado se ha recuperado constantemente, con el precio mediano de una vivienda alcanzando actualmente los $200.000, lo cual es un aumento de 14 por ciento del año anterior. [14] El inventario está disminuyendo constantemente también, todas buenas señales de un mercado ascendente y potencial de inversión.

Naples

Población: 19.000

Condominio: $200.000 - $6M

Vivienda Unifamiliar: $300.000 - $20M

Zona de Costa: $2M - $20M

Categoría de Potencial de Inversión: ***

Aeropuerto Internacional Más Cercano: Aeropuerto Internacional del Sudoeste de la Florida, 26miles, Aeropuerto Municipal de Naples, 2 millas

Naples es uno de los destinos turísticos con clase y estilo en la costa sudoeste de la Florida. La ciudad se ubica en el Golfo de México y goza de las brisas frescas del océano y de las playas hermosas, que han ayudado a hacerle uno de los destinos turísticos más populares de América donde vacacionan los ricos y famosos. Naples ofrece un centro de compras de clase mundial en la elegante Quinta Avenida en el corazón histórico de la ciudad, y muchos maravillosos restaurantes y bares de copas sofisticados, clubes playeros y hoteles frente al mar. Naples también se jacta de una abundancia de galerías de arte, de boutiques elegantes y de teatro para mantener a los visitantes entretenidos. Es una ciudad atractiva, con muchas zonas verdes, y una cultura de cafés con terrazas que la ayuda a atraer a una multitud de europeos. También tiene un escenario cultural y artístico floreciente ya sea de la filarmónica, de Broadway o de entretenimiento. A través del año hay muchas ferias de mariscos, exposiciones de arte y conciertos en la tarde. Para los que persiguen las actividades al aire libre, Naples se jacta de 12 campos de golf en el área de Naples/Bonita Springs, y enormes comunidades planeadas rodeadas de campos de golf que ofrecen el estilo de vida tropical incluso durante los meses de invierno. Naples también atrae a muchos europeos y canadienses debido a su proximidad a la playa, y con menos tráfico que la costa este de la Florida, así como vuelos europeos directos.

El inventario en Naples ha disminuido sustancialmente en el pasado año, por lo menos un 18 por ciento, y las ventas continúan siendo altas, llegando a tener un inventario de menos de seis meses. Los precios medianos de vivienda han aumentado un 13 por ciento del año anterior, incrementando a $600.000. [15] Naples tiene propiedades para inversión en los rangos de $100-250.000 y de $600,000 — $2M,respectivamente, pero su inventario de propiedades es particularmente escaso en los niveles medianos. En total, no hay mucho inventario por debajo de los $600.000. No obstante, hay muchos edificios nuevos en Naples, en parte para tratar de satisfacer la demanda del inventario, y los compradores pagan un precio más alto por estas nuevas estructuras favorecidas.

Cuadrante Noroeste

Aunque es una parte menos famosa de la Florida, el noroeste tiene muchas cualidades maravillosas para recomendar. Conocido a veces como la llanura costera oriental del Golfo (Panhandle), este estrecho de costa es menos desarrollado que las áreas en la península meridional. La costa noroeste, también conocida como «La Costa Esmeralda», tiene algunas de las playas más naturales en el estado, y es muy apreciada por su efecto de relajamiento al aire libre.

Esta zona es uno de los panoramas más empinados de la Florida, y también tiene algunas de las atracciones naturales más asombrosas del estado. Éstas incluyen muchas cavernas, la mayoría de los manantiales naturales del estado, y las playas abundantes, prístinas, de cuarzo blanco. Esta parte de la Florida es definitivamente más caliente que las partes meridionales del estado, con veranos largos, e inviernos no muy fríos, y de vez en cuando con temperaturas sobre 100 grados Fahrenheit. La capital del estado, Tallahassee, es un centro para el comercio y la agricultura, y se reconoce como centro de tecnología para la industria en el estado, con muchas multinacionales con oficinas principales allí ubicadas.

Tallahassee (capital del estado)
    Población: 180.000
    Condominio: $90.000 - $290.000

Vivienda Unifamiliar: $120.000 - $3,9M

Zona de Costa: N/A

Categoría de Potencial de Inversión: **

Aeropuerto Internacional más cercano: Aeropuerto
Regional de Tallahassee

Tallahassee es una ciudad elegante que yace en la bio-región de las «Colinas Rojas» de la llanura costera oriental del Golfo (Panhandle). Sus raíces meridionales se evidencian por todas partes en su arquitectura y ritmo de vida. La ciudad yace en una de las regiones más biodiversas de los EE. UU. y, ha sido calificada por The Nature Conservancy (TNC) como, uno de los «últimos lugares más grandiosos» de América. La ciudad es culturalmente diversa con herencia griega, asiática y celta. Tallahassee es una ciudad de importancia histórica, con un rol destacado en la historia meridional, y los distritos de museos y de las artes reflejan esto, con muchos acontecimientos culturales, festivales y oportunidades de aprendizaje histórico.

La ciudad no es renombrada como destino turístico, y por esa razón, puede no ser la mejor inversión, si usted está considerando utilizar su propiedad como vivienda para las vacaciones y para alquilarla por el resto del tiempo. Sin embargo, si usted está buscando una propiedad para el alquiler, que sea rentable a largo plazo, existen algunos negocios muy buenos a su disposición. Con una propiedad de $120.000 que se alquile por cerca de $1.300 al mes[16] los compradores de esa inversión pueden esperar alcanzar retornos entre el siete y ocho por ciento. El punto de entrada al mercado está a un nivel inferior que en algunas partes más turísticas de Florida, con el precio mediano rondando alrededor de $140.000 y, muy poco inventario en el extremo superior del mercado sobre 1 millón. El inventario total es de aproximadamente nueve meses, que es bastante saludable y no tan competitivo-indicando que es una buena opción para los compradores en el mercado. El inventario ha aumentado durante los últimos 12 meses, indicando que las propiedades no se están moviendo rápidamente fuera del mercado, aunque las ventas han incrementado desde el año pasado.

Panama City

Población: 36.000
Condominio: $70.000- $1,4M
Vivienda Unifamiliar: $100.000 - $3,5M
Zona de Costa: N/A
Categoría de Potencial de Inversión: ***
Aeropuerto Internacional más cercano: Aeropuerto Internacional de las Playas del Noroeste de Florida, 22 millas.

Otra joya del noroeste, Panama City tiene acceso a algunas playas hermosas, tanto como a los muchos deportes acuáticos y las actividades que este estrecho de la Costa del Golfo proporciona. Esta área es un destino favorito para las familias, ofreciendo, tanto playas magníficas como la flora y fauna maravillosas, y fácil acceso a los parques de atracciones, a los campos de golf y a entretenimiento. Aquí el mercado se ve bastante saludable, con los precios subiendo constantemente. Aunque ha habido una superabundancia de condominios en años recientes, ahora parece que el inventario está siendo absorbido por el mercado. De hecho, en el primer trimestre del 2013 el inventario disminuyó un 36 por ciento en el mismo período que en el 2012. Además hubo un alza en las ventas de 23 por ciento, indicando que el mercado va en ascenso y es más saludable de lo que ha sido en los últimos años.[17]

Pensacola

Población: 51.000
Condominio: $62.000-$1,2M
Vivienda Unifamiliar: $160.000-$3,5M
Zona de Costa: $265.000-$3,5M
Categoría de Potencial de Inversión: ***
Aeropuerto Internacional más cercano: Aeropuerto internacional de Pensacola, 2 millas

Pensacola es una ciudad histórica de la Florida, con un próspero escenario artístico y maravilloso entretenimiento. Hay un museo de aviación maravilloso, fortalezas que fueron construidas en años que preceden a la Guerra Civil, museos de historia, parques de agua, el Museo Nacional de Aviación

Naval, y un centro de la ciudad histórico encantador con vistas de la Bahía de Pensacola, donde usted puede cenar en uno del muchos restaurantes variados de la ciudad. Pensacola tiene una variedad de artes y de festivales culturales a través del año que incluye una celebración del Carnaval de Mardi Gras, que es bien conocida. Agregue a todo eso 52 millas de costa, ríos y el Golfo de México-donde usted puede ver a los delfines, ir de pesca en alta mar, o unirse a los kayakers en la capital de la canoa de Florida-y está claro que Pensacola tiene algo para todos.

El mercado de propiedades inmobiliarias de Pensacola ha estado en ascenso recientemente junto con la mayor parte del resto de la Florida. Increíblemente, encontramos viviendas unifamiliares frente a la costa por alrededor de $265.000, y condominios frente al mar a un precio de $150.000. Los condominios en los complejos con piscina estaban disponibles por alrededor de $62.000, todo esto hace que sea un punto de entrada al mercado razonable, y uno en el cual usted consigue más valor por su dinero. En el extremo superior del mercado, hay un pequeño grupo de viviendas valorados sobre los $2 millones, y algunas viviendas realmente grandiosos frente al mar en la franja de $450.000 a los $1,7 millones. Hay una buena cantidad de inventario, pero se está moviendo, y las ventas están en ascenso al 17 por ciento en el mismo período del año pasado. El precio mediano de oferta se ha trepado sobre los $160.000, pero todavía existen algunos negocios formidables.

Cuadrante Nordeste/Central

Jacksonville

Población: 827.908 (playa de Jacksonville 21.000)

Condominio: $70.000-$1,9M

Vivienda Unifamiliar: $180.000-$5,9M

Zona de Costa: $460.000-$5,9M

Categoría de Potencial de Inversión: ***

Aeropuerto Internacional más cercano: Aeropuerto Internacional de Jacksonville, 10 millas de Jacksonville, 28 millas de Jacksonville Beach.

Jacksonville es la ciudad más grande de la Florida por población, y la ciudad más grande de los EE. UU. por área. Es una ciudad histórica, de expansión descontrolada, y el puerto marítimo más grande de la Florida-figurado como un puerto clave de abastecimiento durante la Guerra Civil. La ciudad tiene una economía próspera representada por las industrias dominantes de la banca, de seguros, de asistencia médica, y de turismo. El turismo en particular se desarrolla en torno al golf, es un enfoque importante y hay muchos campos de golf excelentes. La ciudad se jacta de un palacio histórico de la filmación, un teatro excelente, un centro para los artes escénicas, y un parque zoológico. El escenario musical es notable, en particular, con una orquesta sinfónica, un centro de espectáculos que atrae a presentaciones nacionales, y una cultura de jazz floreciente. Hay un festival anual de jazz y

Ray Charles tocaba regularmente en Jacksonville, antes de que descubriera fama y fortuna.

La playa de Jacksonville es una comunidad playera y turística localizada en la costa justo en las afueras de Jacksonville. Forma parte de las comunidades costeras de Jacksonville que incluyen Mayport, Atlantic Beach, Neptune Beach y Ponte Vedra Beach. Estas comunidades están a una distancia conveniente de la ciudad, pero ofrecen oportunidades excelentes de estilo de vida de playa e instalaciones que uno esperaría de ciudades turísticas pequeñas.

El mercado de propiedades inmobiliarias de Jacksonville ha madurado ahora para la inversión, lo que también ha sucedido en la mayor parte de la Florida. El inventario se ha reducido por casi 30 por ciento comparado a esta fecha del año pasado, y el precio de oferta mediano de una vivienda ha aumentado por 6.8 por ciento en el mismo marco de tiempo. Hay ahora apenas cuatro meses de inventario en el mercado-así que hay algo de competencia-pero también todavía se pueden conseguir buenos valores en términos de estilo de vida. Si usted está buscando un condominio en un complejo con piscina los puede encontrar por alrededor de $90.000 y más, con algunos condominios de lujo encantadores disponibles por $180.000 en adelante.

Jacksonville tiene un mercado de lujo saludable, con solo un poquito de inventario sobre los $2 millones, y algunas propiedades increíbles que yacen en el rango de $750.000 a los $1,5 millones. Encontramos viviendas de familia frente al agua comenzando cerca de los $460.000 y condominios de lujo frente al mar comenzando alrededor de los $325.000. La mayoría de la zona frente al agua en Jacksonville está situada en el cuerpo de agua del río St. John, con más propiedades frente al mar situadas ahí mismo en la playa, en Jacksonville Beach. Esta es una comunidad más pequeña, con mucho menos inventario. Aquí, los condominios con vista al agua comienzan alrededor de $180.000 y las viviendas frente al agua se encuentran en el rango de $500.000 a $2,3 millones.

Gainesville

Población: 124.000
Condominio: $55.000-$220.000
Vivienda Unifamiliar: $180.000-$2,4M
Zona de Costa: N/A
Categoría de Potencial de Inversión: ***
Aeropuerto Internacional más cercano: Aeropuerto Internacional de Jacksonville, 80 millas.

Gainesville es una ciudad de tamaño mediano ubicada justamente en medio de la parte norte de la Florida. La ubicación de la ciudad es conveniente para ambas costas, y también para Orlando y Tampa, que están a 90 minutos y a dos horas de manejo, respectivamente. La ciudad tiene una historia fascinante de herencia meridional y de la Guerra Civil. El centro de la ciudad tiene muchos edificios históricos hermosos incluyendo la famosa sala de teatro Hippodrome State Theatre. Hay varios museos históricos buenos, un bosque tropical de mariposas, un museo del ferrocarril, y un museo de arte, así como un parque estatal y un buen teatro de repertorios. La ciudad es dominada por el campus de la Universidad de la Florida, lo que puede ofrecer el potencial de ingresos de alquiler constantes para los inversionistas. En el 2007 Gainesville recibió la calificación # 1 de «el mejor lugar para vivir en América del Norte». Gainesville también es conocida como la «ciudad del árbol de los Estados Unidos» en referencia a la variedad amplia de especies de árboles, y de árboles copados que pertenecen a la ciudad. Gainesville también está rodeado por parques estatales fáciles de acceder y está cerca del Lago Newman. El clima es subtropical húmedo, pero con tiempo más variado durante el año que en otras áreas del estado, y flora y fauna variadas también comparadas a las regiones costeras de la Florida.

Gainesville posee una amplia variedad de viviendas de familia disponibles y un mercado de condominios bastante limitado. En el extremo superior del mercado, hay viviendas de lujo de más de $2 M. Hay algunas viviendas unifamiliares de nueva construcción, que son realmente espaciosas y atractivas de cuatro dormitorios en el rango de los $285.000. El mercado está tomando fuerza, con el número de ventas para mediados del 2013 saltando un cincuenta por ciento del año anterior. Los precios de las viviendas están subiendo, pero un poco más lentamente que en otras ciudades de la Florida, levantándose solamente un 4,7 por ciento desde el mismo período en 2012. Pero algo es algo, una subida sigue siendo algo bueno, lentamente y constante puede muy bien ganar la carrera en cuanto a las propiedades de la Florida. Las viviendas de inversión para el mercado de alquiler de la Universidad se recomiendan aquí como buena inversión a largo plazo.

Daytona Beach

Población: 61.000
Condominio: $60.000-$1,4M
Vivienda Unifamiliar: $160.000-$7,7M
Zona de Costa: $400.000-$7,7M
Categoría de Potencial de Inversión: ****
Aeropuerto Internacional más cercano: Aeropuerto Internacional Playa Daytona, 3 millas

Daytona Beach es a veces llamada la ciudad de playa más famosa de América, y es también un meca para los deportes de motor, siendo el lugar del Circuito Internacional de Carreras de Daytona y de las oficinas principales de NASCAR. La ciudad tiene una variedad de distritos históricos, un parque acuático, un museo de artes y de ciencias, un museo de la fotografía, y el centro de convenciones llamado Ocean Center. Los grupos masivos de visitantes de fuera de la ciudad que llegan para los varios eventos a través de todo el calendario pueden hinchar a la población sobre los 200.000. Hay una amplia gama de actividades, de compras y de entretenimiento nocturno que se esperaría abastecieran a enormes grupos de turistas, y 23 millas de playas para disfrutar en el área de Daytona Beach. Hay también una amplia gama de actividades culturales, que incluyen festivales internacionales de la música, y muchas galerías de arte y museos.

Daytona Beach tiene un mercado próspero de condominios con una disponibilidad de condotels frente a la costa por un precio inicial de cerca de $60.000. Éstas son propiedades para la inversión, esencialmente, una habitación de hotel tipo estudio con una mini cocina, abasteciendo directamente al mercado de alquiler por temporada. Los condominios familiares frente a la costa se pueden encontrar por alrededor de $140.000 y las viviendas unifamiliares a una cuadra del agua se ofrecen inicialmente alrededor de los $240.000. Las propiedades frente al mar se pueden encontrar por $400.000, ascendiendo al precio máximo de $7,7 millones, aunque la mayor parte del mercado de lujo yace en la gama de los $750.000 a los $2,4 millones. El inventario ha disminuido un 30 por ciento en la misma fecha del año pasado, y los precios están aumentando constantemente.

St. Augustine

Población: 13.000

Condominio: $60.000-$700.000

Vivienda Unifamiliar: $140.000-$3,9M

Zona de Costa: $240.000-$3,9M

Categoría de Potencial de Inversión: **

Aeropuerto Internacional más cercano: Aeropuerto Internacional de Jacksonville, 28 millas.

St. Augustine es la ciudad fundada por europeos, que ha sido habitada continuamente por más tiempo en toda América, y fue la capital española de la Florida por 200 años. Por consiguiente, tiene una riqueza histórica de las guerras colonial, post-colonial, y civil de las cuales todavía existe evidencia hoy. Los muchos museos, monumentos y arquitectura reflejan la herencia griega, española, inglesa, nativa y afroamericana de la ciudad. San Agustín desempeñó un papel significativo en el movimiento de los Derechos Civiles, y hay muchos monumentos y museos a lo largo de la ciudad, marcando la historia de su pasado reciente. St. Augustine es una ciudad relativamente pequeña, lo que significa que las playas de los alrededores son tranquilas y relativamente vírgenes, y su rico pasado resulta en una experiencia de vacaciones con encanto, lo que atrae a gran número de turistas. Hay otras atracciones incluyendo una granja de cocodrilos, el Parque Estatal Anastasia, y el Salón de la Fama del Golf Mundial.

St. Augustine es popular entre los inversionistas internacionales, incluyendo los compradores españoles, portugueses y latinoamericanos. Muchos extranjeros también envían a sus hijos a un colegio internado aquí con la esperanza de que puedan entrar a universidades americanas. El mercado de St. Augustine demuestra una recuperación constante, y con alrededor de cinco meses de inventario, la competencia estará escalando. El precio de venta promedio ha incrementado 10 por ciento del año pasado, y los precios se están elevando constantemente. Todavía hay grandes valores en algunos lugares de St. Agustín. En el extremo superior del mercado, hay un grupo pequeño de propiedades que traen precios sobre los $2 millones, mientras que en las regiones superiores de $600.000 a $800.000 hay algunas viviendas unifamiliares hermosas frente a la playa que están disponibles. Los compradores pueden adquirir una vivienda unifamiliar de tres habitaciones con acceso directo a la playa por alrededor de $500.000, o una casa adosada de dos dormitorios con vista al océano-a tiro de piedra de la arena-que comienzan en un precio alcanzable de $240.000. Lejos del agua es posible conseguir una vivienda unifamiliar con piscina de cuatro dormitorios por alrededor de $220.000. Los condominios adecuados están disponibles en las comunidades frente a la playa que comienzan en $110.000 por uno de un dormitorio. En otros lugares, fuera del agua, los condominios pueden llevarse por alrededor de $60.000 en comunidades agradables. El mercado de condominios no tiene una cantidad enorme de inventario, y no hay mucha opción para los condominios súper lujosos del extremo superior, los más costosos están alrededor $700.000 en St. Augustin.

Ocala

Población: 56.000

Condominio: $45.000 - $321.000

Vivienda Unifamiliar: $120.000 - $12 M

Zona de Costa: N/A

Categoría de Potencial de Inversión: ***

Aeropuerto Internacional más cercano: Aeropuerto internacional de Ocala (privado). Aeropuerto Internacional de Orlando 90 millas.

Ocala es una ciudad pequeña, que es famosa como «la capital ecuestre del mundo» siendo una de las primeras áreas en el mundo para la crianza y el entrenamiento de caballos de carreras. Es un área que experimentó un crecimiento masivo a finales del siglo XX debido a la llegada de Disney World a setenta millas de distancia y la creciente popularidad de la zona como un destino de jubilación. La ciudad tiene un distrito histórico, y se jacta de una buena orquesta sinfónica y un teatro cívico. Ocala tiene dos estaciones cada una de las cuales siendo muy distintas en el año, con una estación seca muy caliente y una estación fresca de lluvias. La ciudad es también famosa por su terreno de yierba azul de Kentucky, así como el pozo artesiano más grande del mundo, y el segundo bosque nacional más grande de la Florida.

Si usted está buscando una propiedad para la inversión, entonces Ocala es una buena opción para la inversión a largo plazo, en vez de un alquiler para las vacaciones a corto plazo, pues no hay mucho movimiento turístico en la ciudad de por sí. Con precios de entrada sumamente asequibles tales como $45.000 por un condominio con vista al campo de golf, y $120.000 por una construcción nueva-una vivienda unifamiliar de tres dormitorios-muy adecuada para el alquiler-hace que esta sea una buena opción para aquéllos con presupuestos más bajos. En el extremo superior del mercado, $12 millones le conseguirán una vivienda unifamiliar espectacular, pero puede no ser la inversión más práctica para los compradores internacionales, ya que los 300 acres que acompañan la propiedad pueden ser difíciles de manejar desde el extranjero. Lo que usted consigue definitivamente en Ocala es más valor por su dinero en cuanto a la cantidad de acres. Aunque esto puede no ser un motivo principal para los compradores extranjeros, es valioso observar que, incluso en la gama de $240.000, usted está mirando a fincas, ranchos y viviendas elegantes para la familia con por lo menos dos o tres acres. El mercado está mejorando, aunque ha experimentado una recuperación más lenta que otras partes de la Florida. Pero en mayo y junio del 2013 las ventas habían aumentado por más de 25 por ciento que en el 2012 y el inventario había bajado un 17 por ciento.

Orlando

Población: 238.000
Condominio: $100.000 - $2,5M
Vivienda Unifamiliar: $200.000 - $15M

Zona de Costa: N/A

Categoría de Potencial de Inversión: ***

Aeropuerto Internacional más cercano: Aeropuerto Internacional de Orlando.

Orlando es, por supuesto, principalmente y sobre todo conocida por su proximidad a Disneyworld, que está a 24 millas de su centro. Se apoda «La Ciudad Hermosa» y tiene muchas otras grandes atracciones para recomendarla, pero es por sus parques temáticos por la que es realmente bien conocida. Otros parques situados en Orlando incluyen a Sea World, Universal Studios, y Wet n' Wild, así como muchos otros. Estas enormes atracciones turísticas le ayudan a que sea regularmente calificada como la ciudad más visitada de América.

El centro de la ciudad se ubica alrededor del distrito histórico, con la fuente simbólica de la ciudad en el Lago Eola que forma el punto focal. En Orlando se puede disfrutar de algunas compras de marcas reconocidas mundialmente y también es un centro hospitalario para convenciones y conferencias. El Aeropuerto Internacional de Orlando es un centro de mucho movimiento, conectando a visitantes con el resto de la Florida y del mundo. La geografía de Orlando es plana, y el terreno fuera de la ciudad es plano y pantanoso. Su ubicación interior significa que está protegida contra huracanes, y goza de un clima subtropical con veranos húmedos.

El mercado residencial de Orlando se recuperó rápidamente, y el inventario es bajo, así que los precios están en ascenso, y se han ido las mejores oportunidades. Sin embargo, Orlando es siempre una inversión saludable a largo plazo. En julio del 2013 el precio mediano de una vivienda unifamiliar llegó a ser $153.000, que fue la primera vez que cruzó la cifra de $150.000 desde el 2008. Hay algunos meses de inventario en el mercado y la mayoría de las propiedades se van al cierre en el plazo de 90 días. En el extremo superior del mercado de Orlando hay una amplia gama de mega mansiones, variando en tamaño, estilo y precio, a partir de los $5 millones, hasta la vivienda más costosa valorada en $15 millones. Hay algunas propiedades maravillosas en la gama de los $700.000 a los $3 millones, incluyendo mansiones frente al lago de alrededor de $870.000, lo que parece ser un buen valor de estilo de vida por el dinero. Pero en el otro extremo del mercado, a un precio de $250.000 puede conseguir una vivienda unifamiliar adecuada de tres habitaciones, o por $180.000 usted puede comprar un condominio cómodo para su familia en una comunidad turística con programas de alquiler a corto plazo. Las opciones de entrada más asequibles incluyen «condotels», donde usted puede llevarse un estudio por $99.000.

Orlando es siempre un destino popular de inversión para personas de todo el mundo. Una comunidad futura del área cerca del aeropuerto de Orlando, llamada Medical City, va a ser una nueva gran atracción para Orlando. Será un centro importante para el turismo médico, tanto doméstico como internacional, y puede ofrecer buenas oportunidades para la inversión. Muchas de las presencias de la industria médica más grandes en la Florida estarán allí: La Universidad Central de la Florida (UCF, por sus siglas en inglés), la Administración de Salud para Veteranos (VHA, por sus siglas en inglés), el Centro de Investigación, el Hospital de Niños (Children's Hospital), etcétera. Y esto traerá a doctores, a científicos, y personal auxiliar al área.

Kissimmee

Población: 59.000
Condominio: $90.000-$340.000
Vivienda Unifamiliar: $150.000-$3,4M
Zona de Costa: N/A
Categoría de Potencial de Inversión: ***
Aeropuerto Internacional más cercano: Aeropuerto internacional de Orlando (15 minutos en coche)

Kissimmee es técnicamente la comunidad más cercana a Disneyworld y su proximidad a las atracciones de Lake Buena Vista (casa de Disneyworld) y Orlando hacen que sea un destino turístico popular. La ciudad es orientada a la familia, con un montón de actividades para los niños, restaurantes y teatros temáticos, excursiones a los pantanos y atracciones al aire libre. El centro de la ciudad de Kissimmee, que es muy agradable, está ubicado alrededor del parque conocido como el Kissimmee Lakefront Park. Una atracción interesante es el monumento llamado Monument of States, que está hecho de minerales provenientes de cada estado y de muchas diversas naciones. No se pierda a los murales cuyos dibujos representan a la ciudad en su pasado, como la «capital del ganado», en donde hoy en día el rodeo y las subastas de ganado mantienen a la ciudad arraigada.

Los precios de las viviendas unifamiliares en Kissimmee se levantaron un 32 por ciento del 2012 al 2013, la subida más alta de la región central de la Florida[18], indicando que se está levantando el mercado rápidamente, y el inventario, que es limitado-solamente de tres meses-continuará empujándolos más hacia arriba. Recientemente, el periódico New York Times calificó a Kissimmee como el tercer mejor lugar para comprar una vivienda de vacaciones en el país, con base a precio y ubicación. En el mercado de Kissimmee hay un pequeño grupo de propiedades valoradas sobre los $2 millones, pero la mayor parte del mercado de lujo yace entre $1 millón a $1,8 millones, con lo que se puede comprar un vivienda unifamiliar imponente. En el otro extremo del mercado, sin embargo, usted puede comprar una vivienda en $160.000 que puede ser una buena inversión a largo plazo. Para invertir en algo que pueda alquilar a los turistas, usted necesitaría ciertamente gastar más cerca de los $200.000. Con la suma de $250.000 podría conseguir una vivienda familiar bien terminada, de cuatro dormitorios. En el mercado de los Condominios, el tramo de lujo tiene pocas propiedades, con el precio de oferta de $340.000 en el extremo superior del mercado para un condominio de lujo de tres habitaciones. Con la suma $200.000 podría conseguir un condominio espacioso para la familia, y sería posible comprar un condominio pequeño con dos dormitorios en un complejo turístico con una piscina por cerca de $100.000.

CÓMO ENCONTRAR A UN PROFESIONAL INMOBILIARIO

El profesional que usted elija para asistirle en su búsqueda de una propiedad en la Florida es, sin duda alguna, la decisión más importante que usted tomará salvo a la elección de su vivienda eventual. El Realtor® adecuado tendrá un conocimiento comprensivo del mercado local, mucha experiencia haciendo frente a los detalles complicados en la comercialización de propiedades internacionales, y un sentido muy bueno de cómo guiarle a través de todo el proceso, mientras que permanece enfocado en sus requisitos únicos.

La compra de una propiedad es un proceso de varias etapas que incluye muchas personas quienes deberían de hacer su mejor esfuerzo trabajando para usted. Al final, el proceso comienza y termina con el Realtor® quien usted elija, ya que el papel que juegan en su representación y de sus intereses es el más crítico, en nuestra opinión. Es imprescindible que usted confíe en que ellos harán su mejor esfuerzo, y le proveerán de consejo y maestría excelentes en una de las decisiones más grandes que usted tiene que tomar. Debido a la posibilidad de litigación, algunos Realtors® eluden a lo que creemos ser su responsabilidad profesional, de hacer las sugerencias, las recomendaciones, y de ser proactivos en encontrar soluciones. Por ejemplo, puede ser que le provean de una lista de profesionales a escoger: entidades de crédito, agentes de formalización, inspectores, contratistas, etcétera. Y, que no compartan nada sobre la calidad e historial de trabajo. Creemos que esto no es conveniente, incluso para cualquier comprador doméstico con mucha experiencia. Creemos que cualquier Realtor® debería desempeñar un esfuerzo adicional en establecer la base de trabajo y ofrecer su opinión personal y experiencia en quien ellos creen que es absolutamente la mejor persona para realizar el trabajo. Nos esforzamos de ser tan informativos y tan transparentes como sea posible. Cuando se presentan obstáculos, el mejor equipo asegurará de que cada uno pueda pensar en conjunto y encontrar nuevas, y quizás mejores, soluciones.

Aunque hemos dicho esto anteriormente, merece repetir que emplear a un profesional de bienes raíces para que trabaje en su nombre y realice negociaciones acerca de sus intereses no le cuesta nada. Los Realtors® son remunerados de las ganancias de quien vende la propiedad cuando usted realiza su compra.

¿Cuál es la Diferencia Entre un Realtor®, un Agente Inmobiliario, y un Bróker o Intermediario Inmobiliario?

En todo este libro usted podrá apreciar que acentuamos repetidas veces que usted debería elegir el mejor **Realtor®** que pueda encontrar. Esta es una pregunta importante que entender y es de gran importancia saber distinguir entre ellos, al comenzar su búsqueda de un profesional que le represente. A continuación definimos a cada tipo de profesional:

El Agente Inmobiliario

Éste es un profesional quien ha aprobado su examen en el campo de bienes raíces y posee una licencia como agente inmobiliario. Su labor se describe como la de asistir y de aconsejar a compradores y a vendedores en la comercialización y la compra de propiedades. Si **sólo posee una licencia y no**

es Realtor®, esta persona no tiene ningún acceso al SLM, y por lo tanto no tiene más acceso que usted a la información disponible en los recursos de la red de Internet. Puesto que el SLM es la fuente más definitiva y más comprensiva de datos inmobiliarios, esto sería una gran desventaja en nuestra opinión.Los agentes inmobiliarios, (tanto como los Realtors®) no pueden aceptar remuneración de un negocio inmobiliario, es decir, manejar transacciones en efectivo, a menos de que sean **brókers licenciados.** Ellos hacen posible que el negocio sea ejecutado a nombre de un intermediario. Por lo tanto, los agentes pueden vender la propiedad únicamente si trabajan para un bróker inmobiliario, o para una firma inmobiliaria. Los agentes no pueden publicar la información de venta de las propiedades; sólo pueden ayudar y aconsejar en la compra y la comercialización de las mismas. El trabajo de un agente incluye ayudar a organizar inspecciones, estructurar contratos y realizar negociaciones por sus intereses, así que el agente necesita tener experiencia y conocimiento en estas áreas.

El Realtor®

Este término es una marca registrada de la Asociación Nacional de Agentes Inmobiliarios (National Association of Realtors®) (NAR®). Esto significa que solamente se permite denominar como Realtors® a los agentes de inmobiliarios registrados con la NAR®. **Y, únicamente los**

Realtors® pueden acceder al SLM, se han atenido al código de ética de la NAR®, y participan en el entrenamiento regular y la formación complementaria. La mayoría de los agentes inmobiliarios en la Florida forman parte de la Asociación Nacional de Agentes Inmobiliarios. Si usted encuentra a un agente que es de su agrado y quién no está afiliado a la NAR® le preguntaríamos el por qué no. Los que se denominan Realtors®, tendrían acceso a una abundancia de información, de redes auxiliares, y de listados que los que eligen no afiliarse no pueden acceder.

Para hacerse miembro de la NAR®, se requiere ser miembro de la junta o asociación de bienes raíces de su localidad. Los nuevos miembros de la NAR® deben tomar un curso del Código de Ética Profesional en línea y aprobar un examen. Los miembros activos están requeridos a completar un cursillo de ética en línea cada cuatro años y deberán atenerse a los estándares de la práctica. El Código de Ética Profesional y de Normas de Conducta de la Asociación Nacional de Agentes Inmobiliarios es revisado anualmente para reflejar los sucesos más recientes de la ley y de la práctica inmobiliaria, y su mensaje fundamental de «tratar a todos los interesados honestamente».

El Bróker o Intermediario Inmobiliario

Un bróker o intermediario inmobiliario es un profesional licenciado que está calificado para manejar todos los elementos discutidos anteriormente, así como de la parte financiera de las transacciones inmobiliarias. El bróker es un agente inmobiliario (es decir, que ayuda en la venta y la comercialización), quien ha recibido una enseñanza más formal. Los agentes deben trabajar bajo la sombrilla de un bróker inmobiliario, y ese bróker acepta la responsabilidad legal de cualquier acción de los mismos. Cualquier error o ilegalidad por parte del agente son la responsabilidad legal del bróker. Usualmente, los brókers ganan considerablemente más que los agentes, y son muy a menudo sus propios jefes, con los agentes trabajando bajo la sombrilla de su firma, pero también les son otorgados muchos más deberes legales y responsabilidades. **Una vez más, es importante articular aquí que, mientras que todos los brókers deben tener su licencia de agente de bienes raíces, pueden necesariamente no ser Realtors®.** Si elige trabajar con un bróker asegúrese de que también sea Realtor®.

¿QUIÉN ES EL AGENTE DE LOS COMPRADORES?

El agente de compra, es el Realtor® que usted seleccione para representarlo cuando desea comprar una propiedad. Deseamos destacar algunos puntos importantes acerca de esta relación.

¿ESTÁ VENDIENDO UNA PROPIEDAD? USTED NECESITA UN AGENTE/BRÓKER EXCLUSIVO

Aquí en la Florida cuando un cliente está vendiendo una propiedad, se ejecuta un contrato exclusivo, llamado un Contrato para Venta con Derecho Exclusivo para Vender, en el cual usted elige trabajar con un agente/bróker en la venta de su vivienda por un plazo de tiempo definido.

¿ESTÁ COMPRANDO UNA PROPIEDAD? USTED PUEDE ELEGIR: TRABAJAR CON MUCHOS REALTORS® VS. TRABAJAR CON UN AGENTE EXCLUSIVO DE COMPRA

En cuanto a la parte que va a realizar una compra, sin embargo, no es poco común en la Florida que la gente elija ver propiedades con más de un Realtor®. Firmar un contrato de comprador para trabajar únicamente con un agente de compra exclusivo, no es una práctica que se emplea regularmente. Tenemos historias incontables acerca de lo frecuentemente que esto conduce a que ocurran malentendidos y confusión entre las partes implicadas, pero aún más pertinente es el hecho de que **si usted establece una relación de trabajo excelente con un Realtor® cualificado, nosotros opinamos que es realmente beneficioso para usted que trabaje con ellos exclusivamente a través de todo el proceso.** *(Recuerde: En la Florida todos los Realtors® tienen acceso al SLM así que están utilizando la misma base de datos, conteniendo todos los listados disponibles.)*

POR QUÉ TENER UN AGENTE EXCLUSIVO DE COMPRA FUNCIONA MEJOR

Un buen Realtor® estaría invirtiendo mucho tiempo en representarlo, especialmente en caso de que usted sea un comprador extranjero, y solamente recibe compensación en el momento en el que se realiza la venta. Creemos que es simplemente una buena práctica profesional ser justo, abierto, honesto, y respetuoso para con el tiempo de todos. En este contexto, esto se traduce a trabajar únicamente con un Realtor®, y si usted llega a conocer a otros durante el proceso, de comunicarles claramente que ya usted está siendo representado. Cualquier persona que sea verdaderamente profesional realmente apreciará esta aclaración. Además, si usted está mirando a propiedades en la misma zona geográfica con varios Realtors®, es probable que usted esté creando más trabajo y tensión indebida para sí mismo. En esa situación ninguna persona tiene la ventaja de obtener una descripción completa de lo que a usted le agrada o no. Por lo tanto, de alguna manera usted está perjudicando a los varios Realtors® con quienes usted trabaja, evitando que puedan aconsejarle con eficacia acerca de todo el panorama de esta decisión.

EL AGENTE DE COMPRA ES «SU» AGENTE

Hay otro factor dominante que sopesar en este momento, y éste es que, **en el estado de la Florida un agente trabaja como representante de la transacción, no específicamente para representarlo a usted como el comprador, a menos que, en el contrato de compra esto último sea determinado de manera específica.** El agente es conocido como el agente de la transacción. Dentro de nuestra firma inmobiliaria, sentimos que es preferible trabajar con los Contratos de Autoridad Exclusiva para Comprar de modo que nuestros clientes puedan estar seguros que tenemos una responsabilidad fiduciaria hacia ellos. Este panorama se conoce como trabajar bajo una sola agencia, y es la manera más transparente y preferible de conducir un negocio. Creemos que es mucho más saludable que usted elija a una persona que usted sepa que realizará un trabajo magnífico al representarlo, y luego firmar el Contrato de Autoridad Exclusiva para Comprar con ellos para garantizarle que el Realtor® sea un agente exclusivo, es decir, un agente que representa solamente a una de las partes en una transacción. El contrato debe detallar la zona geográfica en la que su agente le representará, sus responsabilidades a través del proceso de la búsqueda de la propiedad, así como por cuánto tiempo le representará.

Favor de consultar el Apéndice para ver el Contrato de Autoridad Exclusiva para Comprar.

MÁS ACERCA DE LOS AGENTES DE TRANSACCIONES VS. LOS AGENTES INDEPENDIENTES

Para explicar aún más la diferencia entre trabajar con un agente de transacciones en contraposición a un agente independiente, deseamos proporcionarle un cuadro sinóptico de los deberes fiduciarios que un Realtor® tendría para con usted en cualquiera de los dos panoramas:

El *agente de transacciones* no aboga por los intereses ni de la parte que compra ni de la parte que vende. Los estándares de conducta que se esperan de ellos son el tratarlo a usted con honradez, imparcialidad, cuidado razonable y habilidad, y de dar a conocer la información requerida. Deben presentar las ofertas/las contra ofertas de una manera oportuna, ayudar a los interesados en la formalización de la transacción, mantener a los interesados completamente informados, aconsejar a los interesados para que obtengan asesoramiento o consejos de expertos en materias fuera de su campo, y dar a conocer todos los factores que afectan el valor de una propiedad. Se espera que protejan la información confidencial de ambas partes en los asuntos que perjudicarían materialmente a una parte más que la otra. Le consideran ser el principal beneficiario de la transacción inmobiliaria, y no un cliente.

Un *agente de compra exclusivo* se emplea para realizar un trabajo, según los términos del Contrato de Autoridad Exclusiva para Comprar que consta por escrito. Con este contrato usted se convierte en más que un cliente, se convierte en el «principal beneficiario» de la transacción inmobiliaria. Esto formaliza la relación de trabajo y aumenta la responsabilidad fiduciaria del agente para con usted. Además de las responsabilidades esbozadas bajo la ocupación del agente de transacciones, el agente de compra exclusivo, debe seguir adelante con:

Habilidad, Cautela, y Diligencia

Se espera que su Realtor® haga su trabajo con diligencia y moderada competencia. La competencia se define generalmente como un nivel de habilidad en la comercialización y el conocimiento de bienes raíces comparable a las de otros profesionales en el área.

Lealtad

El deber de la lealtad requiere que el agente coloque los intereses del cliente por encima de los de todos los demás, particularmente los del agente propio. Este estándar es particularmente relevante siempre que un agente discuta los términos de la transacción con un cliente probable.

Obediencia

Un agente debe atenerse a las indicaciones e instrucciones del cliente, siempre que sean legales. Un agente que no pueda obedecer una directriz legal, por cualquier razón, debe retirarse de la relación. Si la directriz no es legal, el agente debe también retirarse inmediatamente.

Confidencialidad

Un agente debe mantener en reserva absoluta cualquier información personal o del negocio que recibió del cliente (usted) durante el período de empleo. Un agente no puede revelar ninguna información que dañara sus intereses o el estado de su negociación, o cualquier otra cosa que usted quisiera mantener en secreto.

Revelación Plena

Un agente tiene el deber de informar al cliente acerca de todos los factores materiales, informes, y rumores que pudiesen afectar los intereses del cliente en la transacción de la propiedad.

HECHOS MATERIALES DE IMPORTANCIA FUNDAMENTAL A SER REVELADOS INCLUYEN:

- La opinión del agente acerca de la condición de la propiedad

- Información acerca de factores motivantes y de la situación financiera de la otra parte

- Factores materiales adversos a incluir: la condición de la propiedad, defectos del título, amenazas ambientales, y los defectos de la propiedad.

Lo que los Realtors® Traen a la Mesa

Aunque todos los Realtors® (pero no todos los agentes inmobiliarios, según lo discutido previamente) tienen acceso a la lista de propiedades a la venta del SLM, los Realtors® con experiencia saben buscar hábilmente en la base de datos para encontrar las mejores viviendas dentro de la gama de precios de los compradores. Los Realtors® también saben leer el lenguaje sutil en las descripciones del listado. Un «techo más nuevo» significa que probablemente fue reemplazado hace 10 años. Una vivienda «encantadora» puede ser una palabra clave para una casa que necesita reformas. El agente de compra puede reducir los listados a una docena de propiedades que se ajusten bien a los requisitos del cliente. Entonces el Realtor® puede contactar a los agentes de los vendedores para concertar las citas para ir a visitar las propiedades. A la hora de ver las viviendas, el agente de compra proporciona una opinión crucial, objetiva. Los compradores de viviendas tienen el hábito de enamorarse de una propiedad porque tiene una vista maravillosa o una cocina enorme, y pueden pasar por alto otras consideraciones importantes, el papel que juega la ubicación en sus metas de estilo de vida, o factores menos favorables como una plomería defectuosa o goteras en el tejado. El agente de compra puede ayudar al comprador de la vivienda a ver todo el panorama, tal como los costos de reparación, la comunidad, el sistema escolar local, los impuestos y así sucesivamente, y que no se cieguen por una o dos comodidades superficiales.

Coordinar con un comprador en seleccionar un grupo de propiedades para ir a visitar, es posiblemente la parte más fácil de la labor del Realtor®. Una vez que el comprador haya encontrado una vivienda que a él o a ella le agrade, el agente de compra se convierte en su asesor en muchos frentes. Primero, son el punto de contacto para todas las negociaciones de precio. El agente de compra sabe en cuánto se están vendiendo otras propiedades en el vecindario y negociará el precio más justo.

Una vez que el comprador y el vendedor entren en un Contrato de Compra y Venta, el Realtor® programará una inspección de la vivienda con un profesional, para que el comprador pueda aprender acerca de la vivienda, más allá de lo que se puede apreciar superficialmente, durante la visita por el interior de la vivienda. Éstos son típicamente muy detenidos e incluyen cosas como la cimentación, la fontanería, el tejado, la calefacción, la refrigeración y los sistemas eléctricos así como los electrodomésticos. Él o ella también pueden programar las inspecciones de termita y/o moho. Es a veces prudente emplear a un inspector por separado para el sistema de piscina/spa y el aire acondicionado, cuando estos son de tamaño considerable. Con base al contrato usado, cuando se reciban los resultados de la inspección, o el vendedor será responsable por los reparos, o el Realtor® ayudará al comprador a renegociar o a retirar la oferta.

Entonces el Realtor® encaminará al comprador de la vivienda a través del proceso de cierre, elaborando todos los documentos para completar la transacción.

EL CONOCIMIENTO LOCAL ES CLAVE PARA SERVIR MEJOR A SUS INTERESES

Como siempre, el conocimiento local es de lo que se trata todo. Incluso en nuestro propio mercado doméstico de Sarasota, las variaciones en el estilo de vida ofrecido, el precio, y el potencial de alquiler varían de comunidad a comunidad, e incluso de calle en calle en algunos casos. Solamente un Realtor® local, bien informado, y con experiencia puede saber las complicaciones y los matices de cualquier mercado particular, y cómo esto afectará el resultado y el estilo de vida del comprador. Y un agente local con años de experiencia probablemente conducirá su negocio con el respaldo de su reputación, y por lo tanto actuará de una manera confiada hacia todos los que participan en el negocio, para asegurar futuras oportunidades de negocio con todas las partes concernientes.

Los Realtors® locales también tienen las ventajas agregadas del conocimiento histórico del mercado y de los detalles poco conocidos de las propiedades. Pueden saber algo de la información más sutil que viene solamente de vivir en la localidad, por ejemplo:

- Si una propiedad está mal construida, o si es mucho más antigua de lo que parece o de lo que se indica en el listado

- Ha tenido problemas en el pasado

- Fue comprada a un precio demasiado alto

- Cuándo fue la última vez que la propiedad fue puesta en venta

- Pudieron haber estado antes en el interior de las propiedades que ustedes están comparando

- Pueden tener conocimiento de las viviendas locales que están por entrar a la venta en el mercado

- Pueden conocer las áreas que tienen problemas tales como drenaje pobre, altos niveles de agua, suelo pobre, contaminación del suelo, o vecinos desagradables

- Pueden tener un conocimiento íntimo de las leyes de planeamiento urbano y las restricciones o el planeamiento que ha sido aprobado y que afectará la vivienda que usted está mirando

- Pueden tener conocimiento de departamentos específicos del ayuntamiento, de que tan fácil o difícil es conseguir el planeamiento y cambiar las restricciones

- Pueden saber si un promotor de viviendas está en apuro financiero.

En nuestra propia experiencia es imprescindible encontrar a un agente que sea un buen negociador. Hay millares de agentes en el campo pero aquéllos que tienen aptitudes para las relaciones interpersonales, la comprensión y la capacidad comunicativa para perfeccionar los detalles más delicados de un negocio con profesionalismo consumado, allanando los obstáculos y los problemas potenciales antes de que se presenten, son pocos y poco frecuentes. Muchas veces es el más pequeño de los detalles lo que puede descarrilar un negocio inmobiliario. También le aconsejamos siempre buscar a un agente que trabaje tiempo completo, uno que se ha dedicado a la profesión, y no lo esté haciendo como distracción o pasatiempo. Los agentes que trabajan medio tiempo son fáciles de encontrar, pero si usted tiene un negocio potencial en sus manos, usted quisiera que el agente le dedicara su atención completa para cerciorarse de que este negocio se logre. Como con todos los negocios, el tiempo es esencial en las transacciones inmobiliarias.

Programa de Remisión de Realtors® de Inversiones en la Florida

En la próxima sección de este libro le proporcionamos un conjunto elaborado de pautas para armarlo con las herramientas necesarias para que pueda realizar sus investigaciones, entrevistar y contratar a un Realtor® que realice el mejor trabajo para usted, no obstante, también tenemos muchos clientes quienes solicitan de nuestra experiencia profesional para seleccionar uno para ellos. **Como recurso agregado a nuestros lectores, ofrecemos el Programa de Remisión de Realtors® de Inversiones en la Florida como una de las mejores maneras de encontrar a un Realtor® en la Florida. Estos individuos han sido personalmente evaluados por nosotros con anterioridad, demuestran la habilidad y la experiencia que exigimos de un agente y son expertos en su región. Diríjase por favor a *www.InvestmentsInFlorida.com* para hacer que nosotros le seleccionemos personalmente a un profesional que se adapte a sus criterios .**

Lista de Comprobación para Elegir un Realtor®

En virtud de conocer el mercado, la geografía, y el inventario íntimamente, un Realtor® de mucha experiencia escuchará con eficacia sus criterios y rápidamente dispondrá de las mejores opciones adecuadas para usted. Esta habilidad se afina por los años de experiencia, proporcionando una experiencia de compra mucho más eficiente (¡y, divertida!) para los compradores. Un Realtor® de primera mantendrá este proceso tan transparente como sea posible, y le mantendrá informado, actualizado y conectado.

He aquí los temas que usted puede investigar inicialmente, leyendo el sitio Web del Realtor®, o al revisar sus perfiles en lugares como Zillow o Trulia, para que usted pueda comenzar a obtener una comprensión de sus cualidades y a descubrir con quién usted quisiera conversar más en el futuro:

1. ¿Por cuánto tiempo ha vivido y ha trabajado el agente en el área?

2. ¿Es el campo inmobiliario la ocupación única del agente?

3. ¿Qué tipos de premios, de reconocimiento o de designaciones se ha ganado el agente por su trabajo?

4. ¿Tiene el agente buenas referencias/recomendaciones? Éstas son señales verdaderamente positivas acerca del calibre del agente.

5. ¿Posee él o ella la denominación de Especialista Certificado a Nivel Internacional en Manejo de Propiedades (CIPS, por sus siglas en inglés)? (Véase nuestra Sección de Certificación para más detalles de por qué esto es importante).

6. ¿Posee él o ella la Certificación de Referido Transnacional (TRC, por sus siglas en inglés)? (Véase la Sección de Certificación).

7. ¿Tiene él o ella experiencia significativa en

transacciones internacionales?

8. ¿Habla él o ella su propio idioma? Esto es, obviamente, una gran ayuda, si su inglés no es de primera.

9. ¿Tiene el agente una biografía favorable? Es sorprendente para nosotros cuántos agentes no publican una biografía en su sitio Web. Usted quisiera saber la profundidad de su conocimiento y experiencia desde el principio, y si no está allí, desearíamos saber por qué. Los buenos agentes deberían tener biografías muy específicas que denoten su capacidad de complacer los requisitos muy específicos de sus clientes.

10. ¿Se adapta el sitio Web personal del agente al mercado y a los compradores internacionales? Debería por lo menos haber alguna información sobre la experiencia internacional del agente.

11. ¿Ha viajado el agente al exterior? Algo que no es fundamentalmente importante, pero, en nuestra opinión, los Realtors® que son viajeros consumados son también los Realtors® con la mejor comprensión de otras culturas, y más capacitados para manejar con diplomacia los negocios multiculturales.

12. ¿Tiene el agente un equipo establecido? Usted quisiera un agente que tenga una buena red de expertos y de profesionales disponibles, de manera que usted pueda tener acceso a la maestría del equipo entero cuando emplea al agente.

13. ¿Es él o ella dueño de una propiedad?

Cómo Entrevistar a un Realtor®

Una vez que usted haya hecho su investigación, es hora de examinar a los Realtors® que usted ha incluido en su lista restringida. Sugerimos con insistencia que usted haga una llamada telefónica, una videoconferencia, o se reúna personalmente con por lo menos dos o tres personas de modo que pueda sopesar quién sería el mejor agente para usted. Además de las preguntas que delineamos anteriormente, he aquí algunos temas importantes a discutir con ellos:

1. **Solicite una explicación al agente acerca de su perspectiva del mercado actual.**
Esto le ayudará a adquirir un sentido de qué tan bien informado está, y será una gran oportunidad educativa para que usted se informe acerca del estado más actualizado del mercado en el cual está interesado.

2. **Pida que compartan algo de lo que hacen para asegurarse de lograr un proceso fluido para sus clientes extranjeros.**
El Realtor® debería poder describir cómo se esforzará más allá de lo requerido para comunicar, implicar y motivar a todas las partes relevantes para completar el negocio tan eficiente y eficazmente como sea posible.

Deben saber que para muchos compradores globales, el inglés no es su primer idioma y que la compra y venta de bienes raíces en su país de origen puede diferenciarse extensivamente. Mientras que puede ser difícil saberlo específicamente, hay claras señales que le dejarán saber si serán buenos comunicadores y buenos proveedores de servicio en la transacción. Por ejemplo, si el Realtor® no habla su idioma materno, ¿habla lo suficientemente despacio de modo que usted pueda entender? ¿Suelen enviar mensajes por correo electrónico de modo que usted pueda leerlos, pensar acerca de ellos e incluso utilizar un traductor en línea para entenderlos?

3. **Solicite información acerca de tres clientes inversionistas a quienes prestaron servicios. ¿Qué buscaban y cómo ellos les ayudaron?**
El agente debe poder distinguir claramente entre diversos tipos de inversionistas, es decir, ésos que buscan puramente el aprecio a largo plazo, ésos que buscan retornos de flujo de caja a corto plazo, y ésos que buscan una opción de estilo de vida o una combinación de lo antedicho. El agente debe tener una comprensión detallada de la diferencia entre éstos.

4. **Solicite algunas de sus referencias, ¿es posible que puedan tener clientes internacionales a quienes han ayudado a invertir en bienes inmobiliarios en la Florida?**

El agente debe poder probar su historial de servicio a inversionistas extranjeros, y debe tener relaciones excelentes con los clientes anteriores.

5. **Pregunte, ¿Tienen buenas relaciones con entidades de crédito? ¿Quiénes son ellos?**

   La mayoría de los buenos agentes habrán establecido relaciones de trabajo sólidas con individuos específicos que trabajan para las entidades de crédito y están familiarizados con el trabajo de los compradores globales. Esto ayudará a allanar el proceso de conseguir financiamiento para usted.

6. **Pida que compartan un poco acerca del equipo de profesionales que tienen establecido para cerciorarse de que, ¿se manejarán todas las facetas de la compra con maestría?**

   Su Realtor® no tendrá todas las respuestas. Él o ella será una persona de cultura general amplia, quien luego contratará a los profesionales necesarios para allanar el proceso. Él o ella puede ser que no tenga necesariamente el conocimiento profundo de todos los detalles legales de su situación única, pero él o ella debe saber, y tener una buena relación de trabajo con, alguien que es el experto que usted necesita para esa parte específica de la transacción. El agente debe ser capaz de proporcionar detalles acerca de sus relaciones con los abogados, los abogados de inmigración, los especialistas en materia de impuestos, los inspectores, los topógrafos, los inspectores de plagas, y los encargados de la gestión de propiedades con quienes han trabajado muchas veces y a quienes consideran ser excelentes.

Certificaciones del Profesional Inmobiliario

La designación esencial que usted debe buscar en un Realtor® es que sean **Especialistas Certificados a Nivel Internacional en Manejo de Propiedades** (CIPS, por sus siglas en inglés). La designación CIPS es la certificación considerada como la más distinguida para los profesionales de bienes raíces y es concedida solamente a los que demuestran una perspectiva global en su negocio y una clara comprensión de los compradores globales.

Además de esta certificación, recomendaríamos siempre que usted elija al agente de compra que posee la designación TRC, o en español, llamada la **Certificación de Referido Transnacional.** La meta de esta certificación es preparar a los profesionales inmobiliarios para que puedan hacer y recibir remisiones usando el Sistema Transnacional de Remisión desarrollado por el Consorcio Internacional de Asociaciones Inmobiliarias (ICREA, por sus siglas en inglés).

La Asociación Nacional de Realtors® (NAR) define el valor de las designaciones que otorga de manera sucinta: «Cuando usted ve iniciales como éstas detrás del nombre de un Realtor®, esto significa que esta persona es un profesional confiado, quien no se ha contentado con apenas tomar los cursos necesarios para conseguir y para mantener una licencia inmobiliaria, pero quien demuestra la determinación de mejorar sus habilidades profesionales y la calidad de servicio que proporciona a sus clientes. Han dedicado tiempo a asistir a cursos educativos avanzados y han aprobado exámenes para obtener estas designaciones».

A continuación están las otras designaciones principales con las que usted puede encontrarse. Hay muchas más acerca de las que usted puede leer en el sitio Web de la Asociación Nacional de Realtors® (NAR) en *www.realtor.org*.

ABR

Representante Acreditado del Comprador (ABR®, por sus siglas en inglés) se otorga a los profesionales inmobiliarios que terminan un curso de representación al comprador, de dos días en duración, ofrecido por el Consejo del Agente del Comprador Inmobiliario de la Asociación Nacional de Agentes Inmobiliarios americana, (REBAC®, por sus siglas en inglés). Los agentes tienen que demostrar experiencia práctica al completar y formalizar cinco transacciones inmobiliarias como representantes de compradores.

ARM

Accredited Residential Manager® (ARM®) es la designación concedida a los especialistas que manejan propiedades residenciales, desde el alquiler de complejos de apartamentos, a las casas caravana o de remolque, a condominios, y a hogares unifamiliares.

CBR

Certified Buyer Representative® (CBR®). Con esta designación se enseña a los Realtors® a ayudar a los compradores a encontrar su propiedad deseada y a negociar por esa propiedad de una manera diplomática.

CIPS

CIPS o Especialista Certificado a Nivel Internacional en Manejo de Propiedades A las personas con la designación de CIPS se les confía como un recurso para los expertos en el mercado de bienes raíces internacional, ya que han completado un programa intensivo de siete días enfocado en los aspectos críticos de las transacciones transnacionales, a incluir: asuntos de moneda y tasas de cambio, relaciones transculturales, condiciones de mercado regionales, rendimiento de la inversión, asuntos impositivos y demás.

RSPS

Especialista de Segunda Vivienda o de Vacaciones (RSPS, por sus siglas en inglés). Esta designación permite que los compradores y los vendedores tengan confianza en la capacidad de un Realtor® que los asesore con su búsqueda de una vivienda de vacaciones o de una segunda vivienda.

SRES

Especialista Inmobiliario en Residencias para Jubilados. Los Realtors® con la designación SRES ayudan a las personas mayores a tomar decisiones informadas sobre la venta de su vivienda familiar, la compra de propiedades para el alquiler o el manejo de las ganancias sobre el capital y de las implicaciones impositivas de poseer bienes inmobiliarios. Al obtener la designación SRES, el Realtor® ha demostrado que tiene el conocimiento, la experiencia y la maestría indispensables para ser un especialista y asesor inmobiliario de personas de edad avanzada.

(Información proporcionada por *Realtor.org*)

La Decisión Final: Tres Consideraciones Finales

1. Relación

Lo primero que hay que intentar encontrar en su búsqueda de un Realtor® es la relación adecuada. Las relaciones se basan en ganar la confianza, y si el Realtor® que usted elige puede ganar su confianza desde el principio, esto es un indicador de que él o ella podrá hacer lo mismo con otras personas. Su Realtor® debe también poder relacionarse con su situación y poder demostrar que ha trabajado con gente similar, o con personas en situaciones similares. Usted puede hacer todas las preguntas que usted desea de cualquier Realtor®, pero quisiera tener la sinergia de trabajar con alguien que entienda quién es usted y lo que está buscando.

2. Enfóquese en el Estilo de Vida

Al comprar bienes inmobiliarios en la Florida usted está invirtiendo en un estilo de vida más que nada. Su Realtor® debe entender no sólo lo que esa inversión significa para usted, pero también los matices únicos de lo que usted está buscando, y cómo usted desea vivir y utilizar la propiedad.

3. Provocador de Ideas

Su Realtor® debe poder ayudarle a pensar a través del proceso de compra de un bien inmobiliario en la Florida. Deberían hacerle muchas preguntas, y desear que usted esté pensando detallada y activamente acerca de lo que realmente desea y qué clase de propiedad se adaptaría a su estilo de vida.

2
CAPÍTULO

EL PROCESO
DE COMPRA

VENTAS INTERNACIONALES

En nuestra experiencia parece haber una gran cantidad de información falsa acerca de las ventas internacionales. Los compradores que vienen de otros países sienten una cantidad considerable de aprehensión acerca de los particulares del proceso, ya que no lo conocen, lo que es comprensible. Pero los Realtors® también se sienten a menudo preocupados acerca de los detalles de las ventas internacionales. Para ser totalmente honesto, **el proceso de una venta internacional en el estado de la Florida es bastante parecido al de una venta regular. Hay algunas consideraciones adicionales que tienen**

que ver con el movimiento del dinero, quizás, pero eso es todo. Si el comprador paga en efectivo entonces estas pequeñas complicaciones se reducen a menor importancia. Si el negocio va a ser financiado hay algunos más aros que saltar. Pero en total el proceso es tan simple y directo como cualquier compra de una vivienda en América. Solo apenas requiere de un agente que sea un buen administrador del proceso, y que tenga la experiencia de cerciorarse de que todos los procesos debidos sean observados rápida y eficientemente.

El primer paso, después de haber ejecutado el recomendado contrato que especifica un agente para un comprador (véase la sección del Agente de Compras) normalmente es comenzar a buscar una propiedad. Vea por favor las secciones anteriores en donde explicamos cómo identificar el área y la propiedad correctas para usted. Esta sección lo dirigirá por el proceso de compra.

Demostraciones y Visitas a Viviendas sin Concertar Citas (Casa Abierta)

Hemos conocido a muchos de nuestros clientes-que incluyen algunos compradores globales-cuando visitaron una casa abierta de la que éramos anfitriones. Las casas abiertas o visitas a propiedades sin concertar citas, nos han dicho, que no son comunes en algunos países europeos así que es probablemente una buena idea explicarlas aquí. Además de darle una buena perspectiva de lo que está disponible en el mercado y a qué precio de venta, éstas ofrecen una oportunidad para que usted, como comprador, pueda conocer y entrevistar a los Realtors® prospectivos.

Algunos Realtors® organizan un listado abierto con objeto de que el público venga a visitar la vivienda. Las opiniones de los agentes en cuanto a la eficacia de sostener un evento de casa abierta para atraer a compradores potenciales son mixtas. Algunos encuentran que las casas abiertas puede atraer a la gente que no está realmente interesada en comprar, sólo los «mirones» quiénes están curiosos de ver el interior de la casa. En nuestra opinión no puede haber ningún daño en obtener alguna publicidad para un listado. Para los compradores, las casas abiertas son una buena oportunidad de sentir el mercado, de entender realmente lo que usted puede adquirir, y de comparar propiedades en su gama de precios.

Una vez que haya encontrado al Realtor®, que va a desempeñar un buen trabajo para usted, debería continuar asistiendo a casas abiertas para aprender más. **Sin embargo, como cortesía profesional y para asegurase de que sus intereses sean servidos de la mejor manera, usted debería informarle a los Realtors® que han organizado las casas abiertas que usted ha entrado en un contrato con un agente exclusivo para la compra de una propiedad.** Usted se sorprenderá de una manera agradable al descubrir que ellos contestarán a sus preguntas con más sinceridad y con mayor detalle una vez que sepan esto, pues le tomarán más en serio como comprador.

Cuando usted está interesado en ver propiedades específicas su Realtor® concertará las citas para las visitas. Los dueños de la vivienda están normalmente fuera ella mientras que muestran la propiedad. A veces, el agente del vendedor estará presente para contestar a sus preguntas sobre la propiedad y darle más información. Su Realtor® debería también estar bastante bien informado y haber hecho su investigación acerca de la propiedad. Si el agente del vendedor no está presente deben dejarle una hoja del listado con todos los detalles de la propiedad. Asegúrese de tomar nota de todas las cosas que le agradan, de todas las cosas que no, y de todas las cosas de las que usted necesita información adicional.

Simulación de Hipoteca

El otro paso importante en comprar una vivienda es, por supuesto, tener el respaldo del financiamiento si usted lo necesita. Antes de que comience su búsqueda de la propiedad en serio es una muy buena idea obtener aprobación previa para un préstamo de hipoteca, en caso de que usted vea algo que realmente le agrade. Sin el consentimiento condicionado por parte de la entidad de crédito a prestar una cantidad determinada, usted no sería con certitud la primera opción del vendedor en caso de que hubiesen varias ofertas, y usted realmente no sabría con seguridad si podría incluso permitirse a comprar la propiedad, u obtener un préstamo hipotecario.

Observe por favor: una simulación de hipoteca no es lo mismo que una oferta vinculante de hipoteca.

La simulación de hipoteca significa que usted le ha proporcionado a una entidad de crédito los detalles de su ingreso y de sus deudas financieras y ellos han estimado su poder adquisitivo. La oferta vinculante de hipoteca significa que ellos han comprobado realmente su informe de crédito, y su porcentaje de endeudamiento familiar, y han analizado correctamente su situación financiera. Una vez que ellos hayan hecho esto le proporcionan una carta que contiene la oferta vinculante de hipoteca. Esto puede ciertamente ayudarle a sellar el negocio cuando entra en negociaciones con un vendedor, e indica que existe una buena probabilidad de que usted obtendrá una hipoteca y que la venta será realizada.

Cómo Hacer una Oferta

Una vez que usted haya encontrado la propiedad adecuada, lea toda la Notificación del Vendedor, y prepárese para actuar con respecto a la misma; ha llegado la hora de componer una oferta. En la Florida esto se hace con un contrato formal en el cual se presentan los requisitos específicos y los términos específicos de parte del comprador y del vendedor. Algunos Realtors® pueden, de primera instancia, dirigirse al Realtor® del vendedor comunicándoles una oferta oral, con objeto de tantear cómo respondería la otra parte antes dedicar tiempo en poner algo por escrito. Desde nuestra perspectiva, le animamos firmemente a presentar todas las ofertas por escrito desde el principio. Las ofertas enviadas por escrito son, por lo regular, consideradas más seriamente en virtud del hecho de que los términos están escritos.

NOTA DE LOS AUTORES

¿QUÉ ES LA NOTIFICACIÓN DEL VENDEDOR?

En la Florida el dueño de una vivienda es responsable por revelar la existencia de cualquier problema o defecto estructural que no sea visible fácilmente o que el Comprador desconozca. Su Realtor®, típicamente, obtiene un aviso de Notificación del Vendedor del agente del vendedor antes de componer una oferta. Esta información le ayudará a considerar si hay algunos detalles sobre la condición de la propiedad que puedan afectar lo que usted considera ser el valor de la propiedad al componer su oferta.

Contratos

EN LA FLORIDA, LOS REALTORS TRABAJAN SOBRE TODO CON UNO DE DOS TIPOS DE CONTRATOS:

- El Contrato de Compraventa de la Junta de Realtors® de la Florida/Colegio de Abogados de Florida es el nombre de uno de los documentos utilizados por los Realtors® para componer una oferta. El contrato estándar provee que si salen a relucir problemas que no se habían descubierto previamente durante la inspección en cuanto a ítems garantizados—es decir, esos ítems que afectan la integridad de la propiedad, tales como, tejas malogradas, lo que podría conducir a goteras en el techo—el vendedor está obligado a reparar los ítems garantizados (hasta un límite convenido durante la negociación del contrato). El contrato estándar, si no se especifica de otra manera, proporciona un impago de 1,5 por ciento del precio de compra para las reparaciones. Los ítems no garantizados se refieren a asuntos cosméticos, tales como una decoloración del revestimiento de los pisos, del papel pintado, o de los tratamientos de ventanas. Consulte el apéndice para ver un ejemplo de la versión más reciente de este contrato, que contiene la verborragia exacta por la cual se definen los ítems garantizados y los no-garantizados.

- Contrato de Compraventa de la Junta de Realtors® de la Florida/Colegio de Abogados de la Florida para una Residencia **«en la condición en que se encuentra»** Las viviendas que típicamente terminan siendo posesión del banco, de inversionistas, del estado, o viviendas más antiguas serán puestas a la venta «en la condición en que se encuentran». Esto significa que si el informe de la inspección revela problemas con la casa, el vendedor no está obligado bajo el contrato a repararlos.

Aunque existe la percepción de que una vez que el vendedor asiente al precio de compra de un comprador, el mismo no tendrá ninguna otra responsabilidad en cuanto a la propiedad, nuestra experiencia dicta que ésta no es la realidad. **En muchas situaciones, preferimos realmente usar el contrato de compraventa «en la condición en que se encuentra» con nuestros compradores ya que creemos que esto los protege más completamente si ellos decidieran no querer proceder con la compra por cualquier razón durante el proceso de la diligencia debida.**

Hay dos razones principales por las que preferimos trabajar con un contrato de compraventa «en la condición en que se encuentra». Primero, éste es el único contrato que permite que el comprador reciba un reembolso completo del depósito si se determina que la propiedad no es adecuada para ellos. En segundo lugar, es muy probable que el vendedor asienta a reparar lo que cualquier otro comprador subsecuente también encontraría que fuese un problema. Por ejemplo, si una casa tiene un problema con termitas, el vendedor tomará probablemente la acción para resolverla, pues casi ningún comprador futuro procedería con una compra con el conocimiento de que existe una infestación activa. Si se revela cualquier cosa significativa acerca de la casa durante el período de la diligencia debida, no sólo será una preocupación para usted, pero también para la mayoría de cualquier otro comprador. Así que la responsabilidad se arrima de vuelta hacia el vendedor—aunque no están obligados a cambiar nada de acuerdo a los términos del contrato-a realizar los reparos necesarios o a reducir el precio de compra pues el problema no va a desaparecer y su meta es vender.

El contrato de compra debe ser elaborado por su Realtor® con todos los detalles y firmado por usted. En muchos casos, a los compradores se les pide que coloquen un «dinero en garantía» el cual es una cantidad pequeña del depósito, para demostrar que están seriamente interesados en la compra. Tenga en cuenta que, si su oferta es aceptada y luego se sale del negocio, de no haber provisiones necesarias en el contrato, usted perderá ese dinero.

ESTO ES LO QUE EL CONTRATO DEBE INCLUR:

- **El precio que usted está ofreciendo por la propiedad**

- **El porcentaje o la cantidad de dinero en garantía que usted depositará.** Como regla de oro, a muchos vendedores les agrada ver que se coloque el diez por ciento del depósito total. Esto puede ser en la forma de un depósito por adelantado del dinero en garantía (en el plazo de tres días generalmente), debiendo el resto del depósito, usualmente al plazo de diez días de la firma, o a veces al final del período de la diligencia debida.

- **Periodo de respuesta del vendedor a la oferta.** El

contrato debe precisar por escrito la fecha y la hora en las que usted espera recibir una respuesta a la oferta. Esto asegura que todos los interesados tengan una idea clara de por cuánto tiempo la oferta es válida y ayuda a mantener las cosas fluyendo hacia adelante, o a llegar a un punto final.

● **Propuesa de la Fecha de Formalización.** En la Florida, la mayoría de las formalizaciones ocurren en el plazo de 30 a 45 días desde el inicio del contrato. Esto puede variar grandemente, sin embargo, dependiendo de circunstancias específicas.

● **Número de días asignados para la debida diligencia.** El número predeterminado en los contratos estándares es de 15 días.

● **Límites para las reparaciones.** Esto aplica si usted no está utilizando un contrato de «en la condición en que se encuentra».

● **Contingencia por financiamiento y plazo de financiación.** Estos se deben incluir para su protección y por si usted no obtiene la cantidad de préstamo hipotecario que esperaba. Debe ser declarado en el contrato que la venta solo será consumada si su hipoteca es aprobada, y se debe especificar el interés máximo, y los términos de la hipoteca que usted acepta.

● **Inventario de ítems incluidos en la compra.** Normalmente, los electrodomésticos mayores permanecen en la vivienda, salvo especificación de lo contrario, a incluir: refrigeradores, fregaderos, estufas, microondas y a menudo lavadoras y secadoras. Es importante estar seguro de que esto esté escrito claramente, ya que, hemos tenido la experiencia de presenciar transacciones muy grandes tornándose muy polémicas sobre estas cosas relativamente pequeñas.

Obviamente, el vendedor no tiene que aceptar la oferta, aunque usted ofrezca el precio completo del listado. Y los vendedores no están obligados de ninguna manera a explicar por qué rechazan una oferta particular. ¡Casi siempre encontramos que la mayoría de los compradores reciben una respuesta en un par de días, y en la mayoría de los casos el vendedor les dejará saber si la oferta fue demasiado baja, que es en donde comienza la negociación! A este punto usted puede aguardar el momento oportuno y apostar a ver qué pasa, o puede aumentar su oferta con la esperanza de asegurarse la propiedad inmediatamente.

Aceptación de la Oferta

El minuto en que usted aprenda que su oferta ha sido aceptada está catalogado como uno de los momentos más emocionantes de la vida. Es importante mantenerse centrado, ya que todavía hay muchos pasos en la etapa de la diligencia debida que pueden destapar asuntos o problemas en cualquiera de los lados. Como con mucho en la vida, en cuanto a se refiere a los negocios inmobiliarios, el intríngulis está en los detalles.

Luego de que se acepte su oferta, si usted todavía no ha colocado el dinero de garantía, se espera que lo haga al firmar el contrato. Tenga siempre en cuenta que el dinero de garantía podría estar a riesgo si el vendedor hace lo que él o ella está requerido a hacer bajo el contrato y usted no lo hace. Dependiendo de cómo fueron precisados los términos en el contrato, usualmente dentro de los primeros días después de la ejecución del contrato, usted pondrá el depósito restante para la propiedad. Entonces, es hora de comenzar a comprobar las contingencias precisadas en su contrato, y es aquí en donde la habilidad de su Realtor®, y la calidad del equipo que él o ella ha reunido llega a ser primordial, comenzando con la inspección de la vivienda.

Inspección de la Vivienda

Una inspección comprueba la condición misma de la vivienda. Incluso con una casa de nueva construcción las inspecciones son críticas. Con las viviendas nuevas hay usualmente una garantía contra cualquier cosa que esté defectuosa, así que puede resultar muy beneficioso que se haga una inspección. **Si el contrato de «en la condición en que se encuentra» está en pie, la decisión del comprador de seguir adelante con la compra será contingente a un**

resultado satisfactorio de la inspección. Si la inspección no es satisfactoria, el comprador puede desear salirse del contrato, o puede que se requiera alguna negociación entre el comprador y el vendedor para encontrar una solución que sea cómoda para ambos. Algunas cosas pueden necesitar reparo, pero en verdad, el propósito principal es el de proporcionar un bosquejo del estado de la vivienda para que el comprador entienda lo que está comprando. Hay tantos problemas que pueden ocultarse en las viviendas, y aunque no sean motivo de ruptura del negocio usted necesita saber qué costos potenciales o problemas usted está confrontando. Pensamos que es importante fijar la expectativa que no hay vivienda perfecta, incluso con viviendas totalmente nuevas, y es absolutamente normal que haya que efectuar trabajos adicionales en el rango de costos de $1.000-$2.000. Una vez más, si éstos son defectos materiales entonces serán cubiertos normalmente por el vendedor si se está utilizando el contrato estándar de compra (véase la explicación anterior).

Su Realtor® debe poder proveerle de opciones de inspectores profesionales con experiencia y de tener un inspector preferido que él puede recomendar personalmente como profesional ejemplar. Es importante cerciorarse de que la persona que realiza la inspección es realmente independiente y capaz de proporcionar información imparcial y objetiva acerca de la condición de la vivienda. Su inspector debe ser certificado por la American Society of Home Inspectors. (Véase nuestra sección de Profesionales que Usted Necesita).

Aquí están las áreas principales que el inspector cubrirá:

CIMETACIÓN

Comprobar si la cimentación es firme. Si hay un espacio de rastreo o sótano comprobarán si hay muestras de daño por agua, grietas que podrían indicar problemas estructurales, y de humedad.

CONSTRUCCIÓN

El inspector comprobará si la propiedad está bien construida o no. Mientras que el 90 por ciento de viviendas en los EE. UU. son hechas de madera, muchas viviendas en la Florida están construidas de bloques de concreto. En una casa de madera comprobarán si la madera está en buenas condiciones, con chapas metálicas para protegerlas. En una vivienda de bloque de concreto comprobarán la calidad de la construcción, y que los bloques no se estén degradando. La condición del techo, al igual que de las ventanas y de cualquier otra carpintería, revestimiento exterior y canalones, también serán evaluados.

PLOMERÍA

La inspección comprobará si la plomería funciona totalmente, si hay evidencia de escapes, y que toda la tubería esté en buenas condiciones. En las viviendas con pozos y con tanques sépticos, éstos también deben ser parte de la inspección.

SISTEMAS DE CALEFACIÓN Y REFRIGERACIÓN

La inspección servirá para comprobar la condición de las unidades, qué tan pronto necesitarán ser reemplazadas, y revisará el diferencial de la temperatura para comprobar si el sistema funciona correctamente. En algunos casos podemos recomendar que un especialista en calefacción y refrigeración haga una inspección por separado. Por ejemplo, cuando hay sistemas de enfriamiento múltiples en que hay algún problema.

ELECTRICIDAD

Comprobar la existencia de cualquier problema eléctrico o asuntos, señalar cualquier cableado que pueda necesitar ser reemplazado. Identificar cualquier peligro de seguridad potencial.

INTERIOR

Con la inspección se comprobará si los pisos están nivelados, se descubrirá cualquier existencia de moho, y cualquier problema con el muro seco o problemas con el acabado en el interior de la propiedad, las ventana y puertas serán examinadas, y tocarán la mayoría de las cosas que se mueven, se abren, y se cierran en el interior de la vivienda.

El costo de una inspección en la Florida es por lo general de $400 a $500. Consulte por favor el Apéndice para ver un ejemplo de un informe de inspección de una firma con la que trabajamos regularmente.

Inspección de Plagas

Recomendamos siempre que nuestros clientes hagan una inspección de plagas al comprar una propiedad, por su paz mental. Una inspección de plagas cuesta de $30-$50 en promedio. En la Florida estas inspecciones comprueban la existencia de Organismos que Destruyen Madera (designados comúnmente como termitas), la infestación de roedores, y también evalúan áreas que pueden ser selladas para evitar que cualquier roedor tenga acceso a la vivienda en el futuro. Si se encuentra que hay termitas, estas necesitan ser tratadas por un experto de plagas. Para los que no están familiarizados, esto puede parecer una situación abrumadora, pero de hecho, el problema no es infrecuente en la Florida y hay soluciones bien definidas. Los inspectores de termita en la Florida bromean—que hay dos tipos de casas... las que tienen termitas y las que van a tenerlas. Si el inspector encuentra algunos roedores habitando en la vivienda, estos son eliminados típicamente a través de trampas.

Las Inspecciones y Cómo Afectan el Aseguramiento de su Propiedad

Con cualquier casa que usted compre es importante recordar que la condición de la casa también afectará las primas de seguro. Para conseguir las cotizaciones de seguro más precisas usted debe primero tener el informe completo de la inspección. Las tarifas de seguro tienden a ser más altas en la Florida que en otros lugares en el mundo. Tan pronto como el informe de la inspección esté listo, es importante compartirlo con el agente de seguros porque las primas de seguro (la cantidad anual cargada por el aseguramiento de la vivienda) en la Florida son determinadas con base a una combinación de factores. El subconjunto de los informes de la inspección que serán de utilidad a su agente de seguro será la inspección de cuatro-puntos (específicamente el techo, la electricidad, la plomería y el sistema de refrigeración/calefacción) y la inspección de la mitigación del viento. Otros aspectos de la vivienda que probablemente desempeñarán un papel en las tarifas de seguro serán la condición actual de la vivienda, la edad, y el costo actual de reconstruir con el acabado actual, la calidad de los materiales, las alturas de los techos, etcétera. La proximidad de la casa al agua y una estación de bomberos puede también ser un factor.

Si está utilizando el contrato de compra estándar, le recomendaríamos una adenda a la póliza de seguro, de modo que si las cotizaciones de seguro que usted recibe están más allá de su presupuesto o de lo que usted está dispuesto a pagar, pueda tener otra protección como comprador para salirse legalmente del contrato y conseguir que le devuelvan su depósito. Otra razón por la que nos gusta trabajar con el contrato de «en la condición en que se encuentra» es que no requiere de una adenda. Mientras usted dé el aviso durante el período de la diligencia debida, puede salir del contrato por cualquier razón y conseguir que su depósito le sea devuelto por completo.

SEGURO

Póliza de Seguro Multirriesgo de Vivienda

El seguro multirriesgo de vivienda ayuda a pagar por el reparo o reconstrucción de su vivienda y a reemplazar sus bienes personales debido a una pérdida cubierta. Una póliza típica incluiría la pérdida causada por el hurto y el daño estructural por fuego, goteras, descarga de agua, árboles caídos, o como resultado de una tormenta. En nuestra experiencia, la mayoría de los reclamos tienden a ser por los escapes de agua; los sistemas de aire acondicionado, calentadores de agua, plomería y techos, más que por eventualidades más dramáticas. Los acreedores hipotecarios por lo general requieren el seguro multirriesgo de vivienda como parte de los términos de la hipoteca. Si usted ha decidido buscar financiamiento debe al mínimo tener una póliza básica. La mayoría de las pólizas cubren la vivienda, así como las posesiones dentro de la vivienda.

Los siguientes son los componentes más importantes de una póliza estándar de multirriesgo de vivienda:

- Vivienda

- Otras estructuras (cobertizo, garaje separado)

- Bienes personales

- Pérdida de uso/costos de vida adicionales (si su vivienda es inhabitable después de una pérdida cubierta)

- Responsabilidad personal (si alguien reclama que usted le ha causado daño personal o daño a sus bienes)

- Pagos médicos (a otros).

Cuando usted es dueño de un condominio, usualmente la estructura será asegurada por la asociación del condominio y usted pagará una porción de ese costo como parte de sus honorarios de la asociación. Usted puede entonces necesitar solamente una póliza que asegure el interior-la que también se conoce como la cobertura de «cambios o mejoras»-a su unidad y al contenido de su condominio.

Típicamente, las pólizas de seguro incluyen un «deducible» o excedente, que es la cantidad de dinero que el dueño de una vivienda contribuye al costo de reparación o de reemplazo de la propiedad. En general, mientras más alto sea el deducible/excedente más baja será la prima anual. Asegúrese de revisar a fondo el tipo de póliza que compre y haga cualquier pregunta. Es importante tener el seguro adecuado y entender lo que ha comprado. Además de la cobertura estándar usted debería discutir la importancia de la cobertura adicional. Algunos ejemplos incluyen: fraude de identidad, responsabilidad sobre animales de compañía, vallas y cercos removibles para piscinas, moldes, desbordamiento de la alcantarilla, o artículos valiosos tales como las joyas.

Póliza de Seguro Contra Tormentas de Viento

El seguro de viento o de tormentas de viento es normalmente incluido como parte del seguro de multirriesgo de vivienda, pero deseamos discutir el asunto un poco más a fondo aquí, ya que lo consideramos un aspecto importante para entender su póliza. En muchas partes de la Florida, somos susceptibles a la fuerza de vientos tropicales de una tormenta o huracán. Como tal, guiamos a nuestros clientes para asegurarnos de que estén informados completamente sobre la cobertura de viento que está incluida en su seguro. Esto incluye proporcionarles información acerca de cómo pueden proteger su hogar contra daños, lo que en primer lugar, puede reducir los costos de esta parte del seguro. La protección de su hogar puede incluso reducir el desembolso hacia su deducible/excedente.

Las viviendas más antiguas son más susceptibles al daño causado por el viento, ya que no han sido construidas para resistir tanto viento como las estructuras más nuevas. Algunos ejemplos de los tipos de daños que pueden ser causados por el viento excesivo son el arrancamiento de tejas o techo, la destrucción de ventanas golpeadas por escombros volando, el desplome de las puertas del garaje o de las paredes. Muchas de las viviendas antiguas tienen encanto, carácter y características increíbles, que las viviendas más nuevas quizás no tengan, así que no le estamos desalentando de que mire a propiedades más antiguas, sólo queremos que sepa que hay medidas que usted puede tomar para ayudarle a proteger su propiedad y a reducir el costo del seguro. Algunos ejemplos serían instalar ventanas nuevas con vidrio resistente al impacto o contraventanas para huracán. Puede añadir correas para huracanes a su sistema de techos, y también instalar una puerta de garaje nueva que es resistente a los impactos.

Tanto los códigos como los materiales de construcción evolucionan continuamente. Solicite ayuda de su Realtor®, de su profesional de seguro, e inspector de la vivienda para que pueda entender los pros y los contras y los costos asociados de las distintas opciones. Proporcionamos un ejemplo para explicar este punto: Usted desea instalar un sistema de contraventanas a prueba de tormenta (protección para las ventanas y las puertas) y el costo se estima en los $6.000, y entiende que esto reducirá su prima unos $3.000 al año. La mayoría consideraría esto una buena inversión porque la restitución es de 2 años. Sin embargo, si los mismos obturadores costaran $150.000 entonces la restitución sería de 50 años y probablemente no una buena inversión.

La Organización Meteorológica Mundial le asigna un nombre a cualquier tormenta cuando la velocidad máxima de los vientos sostenidos sea superior a los 63 km/h. En el seguro a prueba de viento el deducible/excedente estándar es de dos por ciento para una tormenta nombrada. (Nota: para cualquier otra tormenta, el deducible que usted ha elegido con anterioridad en su contrato aplica). Es corriente que la póliza de seguros contra tormentas de viento utilice un porcentaje del límite total de la cobertura en vez de una tarifa plana. Por ejemplo, una póliza de seguros contra tormentas de viento de $250.000 con un dos por ciento de deducible/excedente significa que el asegurado paga los primeros $5.000 de las reparaciones. Una vez más usted, puede elegir la cantidad de deducible/excedente con base a su ubicación y a cuánto está dispuesto a pagar en primas. *Nota del autor: A veces, la compañía hipotecaria puede limitar la cantidad de deducible/excedente que se le permite tener en la póliza.*

Póliza de Seguro Contra Inundaciones

La póliza de seguro contra inundación protegesu vivienda contra el daño potencial de una inundación. La pregunta de si una propiedad está en una zona de inundación surge *todo el tiempo* de parte de los compradores. Incluso dentro de nuestra propia profesión inmobiliaria, sin embargo, muchos no saben cómo responder exactamente. En los últimos años ha habido muchos cambios legislativos y en las tarifas de las pólizas contra inundaciones de los propietarios de viviendas debidos al Programa Nacional de Seguro Contra Inundaciones (NFIP, por sus siglas en inglés). Incluso la información de un vendedor actual de una propiedad-especialmente si tienen una vivienda antigua-puede no ser tan relevante ya que ellos mismos pueden no estar enterados de cómo su propiedad ha sido afectada por los cambios.

¿El quid? Es mejor consultar a un profesional de seguros confiable desde el principio del proceso de la diligencia debida, para conseguir una cotización del seguro contra inundación y una explicación exacta de las zonas de inundación en cuanto a cualquier propiedad que ponga bajo contrato.

Cuándo y Dónde Puede Ocurrir una Inundación

Zambullámonos en algunas explicaciones básicas para ayudarle a orientarse a este asunto en términos muy simples.

Dondequiera que llueve, se puede inundar. Hay dos tipos principales de inundación. El primer panorama ocurre cuando hay una tormenta tropical o un huracán que producen una oleada de marea: por ejemplo agua del Océano Atlántico o del Golfo de México que se mueve hacia la playa y hacia tierra normalmente seca. El segundo sucede con la caída de lluvia fuerte y rápida cuando las aguas de la tormenta no tienen otro lugar de desagüe. Es decir, los alcantarillados de agua, los lagos, los ríos, y las corrientes no pueden absorber el exceso de agua lo suficientemente rápido, así que, se desborda sobre tierra, carreteras, estacionamientos de coche, o vecindarios y por ende entra en las viviendas. Otras condiciones tales como un alcantarillado anticuado u obstruido, una comunidad nueva (un edificio, un estacionamiento de coches, o una calle) pueden también cambiar la capacidad de la tierra de absorber un exceso de precipitación y pueden dar lugar a una inundación.

¿CUÁLES SON LAS ZONAS DE INUNDACIÓN?

Cada área en los Estados Unidos se clasifica como una zona de inundación. ¿Qué significa eso? Todos vivimos en una zona de inundación- todo depende del grado de severidad del riesgo. Usted puede vivir en un área de riesgo bajo, moderado, o elevado. Mientras que la mayoría perciben que cuanto más cercano se está a cuerpos de agua mayor es el riesgo, hay más factores que considerar. Usted puede estar en un área en las montañas y experimentar una inundación porque el agua que fluye de niveles más altos se estanca más rápidamente de lo que puede drenar o ser absorbida.

Aunque hay muchos códigos para definir las zonas de inundación, existen dos categorías principales: Áreas en Peligro de Inundación Especial y Zonas Preferenciales de Inundación.

¿QUÉ ES UN ÁREA ESPECIAL DE RIESGO DE INUNDACIÓN?

Las áreas con un riesgo elevado de inundación se llaman las Áreas en Peligronde Inundación Especial (SFHAs, por sus siglas en inglés). La mayoría, si no todas las islas de barrera alrededor de la Florida se consideran SFHAs, al igual que las áreas cerca de la costa y otros cuerpos de agua.

Si usted está en una SFHA y financiando su propiedad, necesita tener seguro de inundación. Si usted paga en efectivo esto es opcional, pero de nuevo, altamente recomendado. Les aconsejamos personalmente a todos que obtengan un seguro contra inundación.

Si está en un área en Peligro de Inundación Especial, se requiere de un Certificado de Elevación para determinar qué tan por encima o por debajo de la Base de Elevación de

Inundaciones (BFE, por sus siglas en inglés) está ubicada su propiedad. BFE es la altura, al promedio del nivel del mar, que tiene una probabilidad del uno por ciento o más de inundarse en un año dado, según lo determinado por la Agencia Federal para el Manejo de Emergencias (FEMA, por sus siglas en inglés) y adoptado por la jurisdicción de su localidad. Las tarifas incrementan agudamente por cada pie que usted está debajo del BFE, y decrecen por cada pie que usted está por encima del BFE.

Donde vivimos en Sarasota, todas las viviendas de nueva construcción ubicadas dentro del área en peligro de inundación especial requieren ser construidas de manera que el primer piso de la vivienda esté sobre el nivel de la Base de Elevación de Inundaciones. Esto se aplica incluso a propiedades frente al agua.

Los profesionales de seguros se refieren a los Mapas de Tarifas de Seguro contra Inundaciones (FIRMs, por sus siglas en inglés) para poder identificar en qué tipo de zona de inundación está ubicada una propiedad con base a su dirección. Estos mapas están siendo constantemente actualizados debido a cambios en la geografía, en las actividades de construcción y de mitigación, y a los acontecimientos meteorológicos. Por lo tanto, aunque se pueden encontrar sitios en línea disponibles al público en general que proporcionan códigos de la zona de inundación, para obtener información verdaderamente precisa usted debe contactar a su agente de seguros o corredor de hipoteca.

Éstos son los dos interesados que por el contrato tienen acceso al sitio definitivo de los mapas.

Otra complejidad que puede afectar las tarifas del seguro de inundación es el valor y la ubicación de electrodomésticos/equipo de servicio en y alrededor de la vivienda. Las compañías de seguros pueden desear saber el nivel de elevación de los electrodomésticos dentro o fuera del hogar, cuántos pisos existen en el hogar, y dónde se encuentran las áreas habitables principales.

Los dueños de viviendas en la Florida pueden comprar seguro de inundación a través de varios abastecedores, pero en virtud del Programa Nacional de Seguro de Inundación (NFIP, por sus siglas en inglés), *el gobierno federal ha estandarizado las tarifas, así que su costo anual será igual independientemente de qué compañía de seguros usted elija.* Actualmente, la cobertura máxima disponible a través del NFIP es de $250.000 para la estructura y de $100.000 para el contenido. El costo anual actual si usted está en una Zona Preferencial de Inundación es $414, con $1.000 de deducible/excedente por cada reclamo.

Uno de nuestros clientes alemanes compró una casa en el 2013 en una isla de barrera a unos 200 metros del Golfo de México. Aun cuando su hogar está en un área en peligro de inundación especial, él paga actualmente cerca de $404 al año. La vivienda fue construida en el 2006 y el primer nivel habitable (espacio con aire acondicionado) está apenas a ocho pies sobre la base de elevación de inundación.

El seguro de inundación requiere normalmente un período de gracia de 30 días antes de que la cobertura tome efecto, desde la fecha en que usted ingresa en la póliza. Las excepciones sólo se hacen en ciertas situaciones, por ejemplo, si usted está comprando una vivienda y está tramitando un préstamo para financiar la compra.

Puede encontrar más detalles en: *www.floodsmart.gov*

Medición

La medición detalla las dimensiones de la propiedad y la ubicación de la vivienda y de las estructuras fijas en el terreno con relación a los límites de la propiedad. Muestra las medidas de las paredes de las estructuras, la ubicación de la entrada para coches, terrazas, cobertizos, piscinas, unidades de aire acondicionado, y/o cualquier cerca existente. Indicará la dirección de la propiedad y la descripción legal según lo registrado en la municipalidad.

El agente de formalización repasa los detalles de la medición para determinar si se adhieren a los requisitos de la línea trasera del lote establecidos por las restricciones del municipio y/o los convenios restrictivos del vecindario. La mayoría de los agentes de formalización no discutirán la medición con usted a menos que descubran una discrepancia. Para darle un ejemplo de nuestra experiencia de la vida real: cuando una cerca se instala en el jardín de los vecinos, o una pared de la casa está más cercana al límite de la propiedad de lo requerido en el convenio restrictivo del vecindario en cuanto a las líneas traseras del lote, éstas son las situaciones en las que la medición puede salir a relucir. Algunas cosas se pueden resolver fácilmente con la ayuda de su agente de formalización. Otras son más complicadas, y con muchos contratos de la Florida el vendedor es hecho responsable de «curar» cualquier problema con el título y la medición, es decir, tienen que encontrar una solución.

Cualquier acreedor hipotecario requerirá una medición ya que desean saber en cuanto sea posible acerca del activo que asegura el préstamo. No es necesario gastar dinero en una nueva si ya existe una buena medición. Si el vendedor puede proporcionar una medición, su agente de formalización puede aconsejarle si es de suficiente calidad para ser utilizada, de modo que usted no tenga que pedir una nueva. En una transacción que tramitamos recientemente el vendedor tenía la medición original, certificada. Sin embargo, porque databa del 1986, el agente de formalización pensó que era prudente invertir ($350-$450) en realizar una nueva medición. En caso de que haya una medición que se pueda utilizar, el agente de cierre conseguirá una declaración jurada firmada por el vendedor que indica que no ha habido cambios a la propiedad que afectarían las distancias entre las estructuras fijas y los límites del lote. (Esto significa que no ha habido ningún cambio al entorno de la casa, no se han agregado ningunas cercas, y ningunos edificios nuevos a la propiedad.)

Si usted va a pagar en efectivo, no se requiere una medición para la formalización, pero nuevamente le recomendamos encarecidamente a nuestros clientes que la obtengan. Usted nunca sabe cuándo algo referente a los límites o a la construcción en su propiedad estará en violación de una restricción. **Cuando realiza cualquier compra inmobiliaria somos defensores de asegurar que usted como el comprador esté completamente informado en todos los frentes.** La medición se completa normalmente dentro del plazo de cinco días de la fecha de formalización, más bien que como parte de la diligencia debida inicial, así que si surgen algunos problemas con la medición estos tienden a captarse tarde en el proceso. Esto puede retrasar la fecha de formalización ligeramente, ya que bajo el contrato el vendedor tiene típicamente hasta 30 días para comunicar la comercialización del título (es decir, que un título se puede transferir fácilmente, ya que está libre de reclamos válidos de terceros).

Recientemente, tramitamos el cierre de una propiedad donde la búsqueda de título reveló que un permiso para retirar un árbol todavía estaba abierto con el municipio desde hacía varios años. Esto significa que un permiso había sido solicitado para hacer algo en la propiedad en años anteriores, y todavía tenía que ser cerrado, es decir, aprobado por la ciudad. Creó un problema-que se podía resolver-pero es un buen ejemplo de las cosas que pueden salir a relucir y retener su venta. La habilidad y la experiencia de su Realtor®

en esta situación ayudarán a mantener las cosas avanzando y a completar su lista de comprobación de cosas que hacer. Si todo resulta en orden en la búsqueda del título, entonces usted está listo para el cierre.

Tasación

Si usted está financiando su compra, una tasación será requerida por la entidad de crédito para comprobar el valor actual de la propiedad. El valor comercial es diferente del valor registrado (tasado) por el municipio, así que es necesario que la entidad de crédito proteja el dinero que le están prestando consiguiendo una evaluación independiente de lo que vale la propiedad en el mercado. La entidad de crédito no tiene ningún control sobre la opción de tasadores; esto es realizado independientemente por terceros. La entidad de crédito requerirá del valor tasado para determinar un porcentaje de la cantidad que será financiada.

Al pagar en efectivo no es obligatorio realizar una tasación, pero todavía se recomienda encarecidamente para que usted realmente conozca el verdadero valor de la propiedad que está comprando. Les aconsejamos a nuestros compradores que hagan que la tasación sea parte de los términos escritos en la sección de la diligencia debida del contrato. Cuando paga en efectivo usted puede elegir al tasador. Las tasaciones cuestan generalmente entre $300 y $500 dólares. Vea por favor nuestra sección de Profesionales que Usted

Necesitará para más información sobre cómo seleccionar a un tasador cualificado.

Las tasaciones son altamente subjetivas. Aunque pensamos que la tasación proporciona un buen punto de información, tenemos muchas historias de cómo un negocio puede ser eliminado por completo porque la tasación resulta inesperadamente inferior o superior. Aunque hay muchos tasadores competentes, también existen los que realmente no tienen las calificaciones y la experiencia en un mercado dado para evaluar la propiedad correctamente. Cuando esto sucede, el resultado es una injusticia enorme para todos los interesados en la transacción.

En estas situaciones en las cuales la tasación resulta en una "una gran sorpresa" guiamos a nuestros clientes hacia toda la información que tienen a su disposición para determinar cuánto valor desean otorgarle a una tasación. En el ambiente de hoy los compradores y los vendedores tienen enormes datos a su disposición en términos de propiedades comparables proporcionadas por su Realtor® a través del SLM, y en sitios como Trulia y Zillow. Al final, creemos que la mejor estimación del valor es el precio que el vendedor y el comprador acuerden.

Seguro de Título de Propiedad

Cuando usted compra una propiedad lo que usted realmente está comprando es el título. El título es evidencia de que el dueño posee legalmente esa propiedad. Una de las maneras claves de proteger a los dueños de una vivienda en la Florida es con el Seguro de Título de Propiedad. **Esto se hace con el único pago de un honorario durante la formalización,** en contraposición a otros tipos de seguros que requieren del pago de primas anuales.

El Seguro de Título de Propiedad, en esencia, protege a los dueños (y a la entidad de crédito, cuando aplica) contra cualquier reclamo posible que pudiera surgir referente al pasado de la propiedad. Éstas pueden incluir cosas tales como otra persona que reclame tener un derecho en la propiedad, documentos incorrectamente registrados, retenciones tales como impuestos por pagar, préstamos por pagar, y servidumbre de uso (donde se otorga derecho a un tercero a utilizar parte de una propiedad (cruce de la propiedad).

NOTA DE LOS AUTORES

¿CÓMO DIFIERE EL SEGURO DE TÍTULO DE PROPIEDAD DE OTROS SEGUROS QUE HEMOS DISCUTIDO?

El Seguro Multirriesgo de Vivienda y el Seguro Contra Inundación protegen al propietario en caso de eventualidades futuras y las primas se pagan en base mensual o anual. Un Seguro de Título de Propiedad asegura contra eventos que ocurrieron en el pasado de la propiedad inmobiliaria y de las personas que la poseyeron, a cambio de un pago único de la prima, la cual es pagada al cierre de la cuenta de plica.

La empresa especializada en comprobar la titularidad del bien inmobiliario realiza una búsqueda para determinar si el título está claro y que no haya ningún otro reclamo contra la propiedad. Los resultados de la búsqueda se resumen en un documento llamado «Compromiso de Seguro de Título de Propiedad». Esto demuestra que la compañía de títulos de propiedad estará preparada para emitir una póliza de seguro en el título de la propiedad una vez que usted la posea.

El Seguro de Título de Propiedad es requerido por las entidades de crédito. Si usted está pagando en efectivo no es realmente obligatorio tener el seguro, no obstante, le aconsejamos que lo consiga. Sencillamente tiene sentido tener la garantía asegurada de que usted es el dueño. **A diferencia de poseer una propiedad en muchos otros países, el seguro de título crea una política que aclara quien es el dueño de la propiedad. Una compañía de seguros de título garantiza que no hay otro reclamo al título, y están tan seguros de que ese es el caso, que están dispuestos a pagar fuertes sumas de dinero en el caso de que no estén correctos.**

El gobierno fija las tarifas del seguro de título, así que no son arbitrarias. Cuando usted viene al cierre, el agente de formalización que usted utiliza recibe una compensación, la cual es en su mayor parte pagada de los honorarios del Seguro de Título de Propiedad.

Hay generalmente dos tipos de pólizas de seguro de título de propiedad:

Seguro de Título de Propiedad

Esta póliza protege el interés del propietario de la vivienda. Se emite normalmente por la cantidad del precio de compra de la propiedad. La cobertura significa que la agencia del seguro pagará por todos los reclamos contra el título de los asegurados que sean probados como reclamos válidos.

Seguro de Título de Propiedad de la Entidad de Crédito

La entidad de crédito requiere normalmente que el propietario compre una póliza de seguro de título de una entidad de crédito. Esto protege el interés de la entidad de crédito en la propiedad. El seguro de título de propiedad de la entidad de crédito es emitido por la cantidad del préstamo hipotecario.

¿CUÁNTO CUESTA EL SEGURO DE TÍTULO DE PROPIEDAD?

El costo del seguro de título de propiedad es determinado con base al precio de compra de la propiedad. Hasta $100.000 el costo es de $5.75 por cada mil, sobre los $100.000 el costo es de $5.00 por cada mil. Por ejemplo, para una vivienda con un precio de compra de $500.000 dólares, el costo del seguro de título de propiedad sería $2.500. Este es una prima que se paga una sola vez, el día del cierre, y nunca más hasta que la propiedad se venda de nuevo. Los costos del seguro de título de propiedad son estandarizados, el costo de una vivienda con un precio de $500.000 en el condado de Dade (Miami) son iguales que en el condado de Orange (Orlando).

En la Florida, si una propiedad es vendida en el plazo de tres años de la venta anterior, el comprador actual recibirá un crédito parcial en la re edición de una póliza del título de propiedad para esa misma propiedad. Por ejemplo, recientemente, uno de nuestros compradores globales recibió un crédito $2.370 al sacar una póliza de título de propiedad para su vivienda frente al mar porque había sido vendida dos años antes.

¿QUIÉN CUBRE EL COSTO DE SEGURO DE TÍTULO DE PROPIEDAD?

En la Florida la parte que cubre el costo del seguro de título de propiedad varía dependiendo del condado. A menudo, puede ser un punto en el contrato abierto a la negociación. El vendedor usualmente paga el seguro de título de propiedad y elige al agente de formalización (una compañía o un abogado de título) en la mayoría de los condados de la Florida. El comprador usualmente paga el seguro de título y elige el agente de formalización en los condados siguientes:

Collier, Sarasota, Miami Dade, y Broward. En casos en que las propiedades le pertenecen al banco, el vendedor siempre elige y paga el seguro de título de propiedad. Esto es normalmente válido en cuanto a estructuras nuevas al igual que urbanizaciones nuevas.

NOTA DE LOS AUTORES

EL VALOR DE PODER ELEGIR EL AGENTE DE FORMALIZACIÓN.

Recomendamos a nuestros clientes que hagan las negociaciones posibles para poder elegir su agente de formalización. Creemos personalmente que un abogado de propiedades inmobiliarias será más cuidadoso que la compañía de título de propiedad en cuanto "a no dejar piedra por mover" para asegurarse de que la transacción sea tramitada sin problemas y que usted esté protegido. Una compañía de título de propiedad tiende a ser más neutral. Vea por favor la sección de los Agentes de Formalización para más información.

MANERAS DE SER EL TITULAR DE UN INMUEBLE

Hay varias opciones de cómo ser el titular de un bien inmobiliario en la Florida, sin embargo, si usted va a procurar financiamiento, existe sólo una opción. Las entidades de crédito requieren que el título esté a nombre del/de los) individuo(s). Si usted paga en efectivo, algunas de las maneras más comunes en las que usted puede elegir ser el titular son: como propietario individual, como una empresa de los EE. UU., o empresa extranjera, como una sociedad de responsabilidad limitada (LLC, por sus siglas en inglés), o como una sociedad autorizada. Elaboraremos sobre algunas de éstas a continuación, sin embargo, deseamos comenzar acentuando dos puntos dominantes.

Uno, la consideración más importante de cómo establecer el título depende de cómo cada panorama afectará su deuda impositiva, especialmente las ganancias sobre el capital e impuesto estatal. El impuesto de sucesiones (impuesto sobre su derecho de transferir la propiedad cuando usted fallezca) puede ser particularmente oneroso si no se planea desde el principio. Segundo, los códigos tributarios son genéricos, así que es realmente importante saber cómo su situación específica puede ser afectada con base a los tratados tributarios que existen entre los EE. UU. y su país de origen. Muchos países tienen tratados impositivos con los EE. UU., que pueden reducir o eliminar ciertas obligaciones impositivas en/para con los EE. UU.

Cada tipo de titularidad tiene sus ventajas y desventajas-algunas grandes, otras pequeñas. Nuestro consejo, como siempre, es hacer una opción informada. Las circunstancias financieras y personales de cada uno son tan únicas; vale la pena invertir unos pocos cientos de dólares para descubrir si los pros de hacer titulares a una LLC o una corporación extranjera tiene sentido para usted.

A continuación ilustramos algunas de las ventajas y desventajas impositivas de las formas más comunes de ser titulares de propiedades inmobiliarias en los EE. UU. disponibles a los no residentes.

Titular Individual

La toma de título a nombre del individuo es la opción más frecuentemente usada. Es el método que resulta en la menor cantidad impuesto sobre la renta de los EE. UU. cuando se vende una propiedad. Si la propiedad se retiene al menos por un año antes de que se venda, el impuesto máximo se calcula en un 15-20 por ciento (dependiendo de la categoría impositiva del individuo) del beneficio. Si el ingreso neto de cualquier año es mayor que $250.000 hay un impuesto adicional de 3,8 por ciento sobre la ganancia.

Sin embargo, esta podría ser la manera más desventajosa de tomar un título, si el no residente muere mientras todavía es el dueño de la propiedad. El impuesto de sucesión se determina con base al valor razonable de mercado de la propiedad en la fecha de muerte del dueño. Es pagadero al Servicio de Rentas Internas (IRS, por sus siglas en inglés) no más tarde de nueve meses de la fecha de la muerte y, si no es pagado a tiempo, está sujeto a penalidades y a interés, que se deben además del impuesto de sucesión. Para los no residentes de los EE. UU. el impuesto de sucesión se aplica a propiedades valoradas sobre los $60.000. La tarifa marginal para el tributo de sucesión impuesto en el caudal hereditario de los descendientes que mueran después del 31 de diciembre del 2012 es el 40 por ciento.

El Titular es una Empresa de los EE.UU.

Los no residentes son elegibles a establecer un título de una propiedad inmobiliaria en los EE. UU. a nombre de una empresa estadounidense. A diferencia del titular individual, la corporación no se beneficia de una tarifa impositiva preferencial de 15 o de 20 por ciento sobre las ganancias provenientes de la enajenación de bienes, (dependiendo de su categoría impositiva) en dichas ganancias a largo plazo. Si la propiedad está ubicada en la Florida, entonces hay un impuesto corporativo estatal sobre la renta de 5,5 por ciento en las ganancias superiores a los $5,000, que también deberá ser pagado. La tarifa máxima del impuesto sobre la renta federal para bienes inmuebles en la Florida que son propiedad de una empresa de los EE. UU. es el 38 por ciento, aproximadamente. En comparación a la tarifa máxima del impuesto sobre la renta para un individuo, de 15-20 por ciento en la venta de la propiedad, la tarifa de impuesto sobre la renta corporativa es muy alta. Ésta es obviamente una desventaja de hacer que el titular de un bien inmobiliario sea una empresa de los EE. UU.

La ventaja potencial de que el titular de un bien inmueble sea una empresa de los E.E.U.U. se aprecia desde el punto de vista de los impuestos de sucesión de los EE. UU. Aunque el valor de las acciones de una empresa de los EE. UU. poseída por un no residente está generalmente sujeto al impuesto de sucesión de los EE. UU. una vez fallecido el dueño, existen acuerdos impositivos de sucesión con ciertos países, (por ejemplo, Reino Unido y Alemania) por los cuales dichas acciones son exentas del impuesto de sucesión americano. Esto puede ser una ventaja substancial para esos no residentes que califiquen.

El Titular es una Empresa Extranjera

Esta es una opción bastante rara de establecer el título, y conlleva algunas complicaciones. Pero es valioso saberlo ya que puede satisfacer su situación personal única, especialmente si usted es mayor, no tiene una renta como tal, e intenta evitar el impuesto de sucesión. La empresa extranjera (no de los EE. UU.) está sujeta a las mismas tarifas del impuesto sobre la renta que una empresa de los EE. UU. La ventaja de la empresa extranjera tiene que ver con el impuesto de sucesión de los EE. UU. A diferencia de la empresa de los EE.UU. todos los no residentes son exentos de los impuestos de sucesión de los EE. UU. al fallecer si el título de la propiedad está a nombre de una empresa extranjera. El país de residencia del dueño es irrelevante.

El Titular es una Sociedad de Responsabilidad Limitada en los EE. UU.

Las Sociedades de Responsabilidad Limitada se han hecho cada vez más populares como una alternativa de llevar el título en la compra de bienes inmuebles de los EE. UU. por no residentes, debido a su flexibilidad extrema. La compañía de responsabilidad limitada es una entidad legal. La gravabilidad de una sociedad de responsabilidad limitada depende de varios factores. Una sociedad de responsabilidad limitada con dos o más miembros paga impuestos como una sociedad colectiva, a menos que haya elegido ser gravada de otra manera, tal como una empresa. Si la sociedad de responsabilidad limitada tiene solamente un miembro y no ha elegido ser gravada como una empresa, entonces, es tratada para efectos del impuesto sobre la renta, como «una entidad desatendida» y el dueño es gravado directamente. Por ejemplo, si el dueño de una sociedad de responsabilidad limitada con un solo miembro es un individuo extranjero, entonces las reglas y las imposiciones fiscales que se aplican a los individuos extranjeros serán efectuadas. La sociedad de responsabilidad limitada de un solo miembro proveerá al dueño de una responsabilidad legal limitada, pero será gravada en los EE.UU., para fines del impuesto sobre la renta y del impuesto de sucesión, como si la empresa no existiera.

PREPARATIVOS PARA LA FORMALIZACIÓN

Un día o dos antes del cierre, todos los interesados implicados en la transacción recibirán una copia de la **Declaración de Cierre**. También conocida como la Forma HUD-1, esta forma es una reconciliación completa de todos los débitos y créditos (movimiento de dinero) entre el comprador, el vendedor y los proveedores que toman parte en la transacción. Explica todos los cargos asociados con el cierre, y quién paga a quién, detalladamente. Le deja saber a usted como el comprador, exactamente cuánto dinero necesita traer al cierre. Vea por favor el Apéndice par un ejemplo de este documento.

Cómo Estimar los Gastos de Compra

Para cubrir los gastos de la compra (inspecciones, medición, título, tasación, honorarios legales, primas del seguro de título de propiedad, impuestos de traspaso, honorarios de inscripción en el registro), y los impuestos y honorarios de la hipoteca (si esto aplica), usted debe estimar que gastará entre un uno y un tres por ciento del precio de compra. Todos estos gastos son honorarios que se cobran una sola vez para completar la transacción. Cuando usted está financiando, los gastos de compra son un poco más altos que al pagar en efectivo.

NOTA DE LOS AUTORES

¿Cuáles son los Impuestos de Traspaso? Los impuestos de traspaso, también designados como impuesto por transferencia de documentación, son una tarifa fija de 7 centavos por cada 100 dólares para cualquier propiedad. Así que, por ejemplo, para una vivienda de $100.000 vendría a ser unos $700. Esto es pagado usualmente por el vendedor, pero puede ser un punto de negociación.

Cosas que Deben estar en Pie antes del Día de la Formalización

SALDO DEBIDO

En un cierre de una compra en efectivo, el comprador debe traer la diferencia entre la cantidad que él o ella ha colocado como depósito y el precio de compra, así como cualquier otro gasto de compra excepcional o de la propiedad que sea debido en el cierre. Si el comprador está financiando la compra, esta cantidad es el precio de compra y los gastos de compra, menos los depósitos iniciales y la cantidad de la hipoteca. El balance es típicamente pagado vía una transferencia de dinero, aunque algunos compradores todavía optan por un cheque certificado.

PRUEBA DE SEGURO (SÓLO SI USTED ESTÁ FINANCIANDO)

Una carta o declaración como evidencia que ha sacado una póliza de Seguro Multirriesgo de Vivienda para cubrir la propiedad. Esto es requerido por la entidad de crédito. Esto se tramita antes de la fecha límite del cierre ya que la póliza toma efecto el día del cierre. Se coordina típicamente entre el corredor de hipoteca/la entidad de crédito, el agente de formalización, y el corredor de seguros.

SUMINISTROS

El comprador asume el costo de los suministros a partir del día del cierre, así que él o ella es responsable de establecer su propia cuenta de suministros antes de esa fecha. El Realtor® puede señalar con qué compañías debe ponerse en contacto para servicios tales como agua/alcantarillado, eléctrico, cable (o TV vía satélite), teléfono/internet, y si aplicara, el servicio de gas. Además, si el comprador desea continuar usando los abastecedores de servicio que están siendo contratados para cosas tales como la limpieza de la piscina y el cuidado del césped, estos terceros pueden ser contactados también para establecer una nueva cuenta. Para ver una discusión detallada de los suministros y de sus opciones en la Florida vea por favor nuestro capítulo sobre Poseer una Vivienda en la Florida.

Día de la Formalización o Cierre

Con la facilidad de viajar y de tecnología en aumento, los cierres se están convirtiendo cada vez menos en un «acontecimiento» hecho a una hora y en un lugar programado con todos los interesados en el mismo salón. Muchos vendedores y compradores están firmando documentos en días diferentes y en diversas localizaciones, inclusive en cualquier lugar del mundo. Su formalización puede ser conducida por medio de correo electrónico y de correo regular si usted no puede estar presente. También cabe destacar que las embajadas de los EE. UU. proporcionan servicios notariales para los extranjeros.

Si usted está presente en el cierre posiblemente se reunirá con los vendedores (a menos que hayan completado todos los documentos por correo), ambos Realtors®, y frecuentemente con un abogado de bienes inmobiliarios (véase secciones más adelante acerca de los profesionales) para firmar una montaña enorme de papeleo. En el momento en que usted pase por todo esto y lo firme será el dueño orgulloso de un título, de una hipoteca, y de unas cuantas llaves relucientes de su nueva vivienda. **El día de cierre pertenece al comprador. El comprador toma título de la propiedad y es responsable por los impuestos, el seguro y los suministros, y por cualquier otro gasto asociado con ser dueño de la propiedad.**

El cierre será ejecutado por un agente de formalización o por un abogado de bienes inmobiliarios. La selección del agente de formalización, ya sea por usted como el comprador, o por el vendedor varía dependiendo del condado y puede ser negociado en el contrato. Vea por favor nuestra sección sobre Seguro de Título de Propiedad para más información. Los honorarios que cobra el agente de formalización por sus servicios se incluyen en el costo del Seguro de Título de Propiedad. Su trabajo es asegurarse de que usted entiende cada forma que está firmando.

Documentos de Formalización

Aquí están algunos de los documentos más importantes para el comprador al cierre:

ESCRITURA DE GARANTÍA

El trozo de papel en el que se transfiere oficialmente el título del vendedor al nuevo dueño. La Florida es un estado de títulos, lo que significa que usted, en vez de la entidad de crédito, tiene el título de la propiedad.

PRÉSTAMO DE PAQUETES (SI FINANCIACIÓN)

Hay una gran cantidad de documentos que las entidades de crédito requieren entre los que se incluyen el Acuerdo de la Hipoteca, la Declaración de Veracidad del Préstamo, y la Nota Promisoria.

El tiempo que usted pasa en su cierre se define en gran parte en base a si usted paga en efectivo o si usa financiación. En el escenario de efectivo, usted pasará probablemente menos de 30 minutos en su cierre. Si usted está financiando, el proceso toma más tiempo ya que hay muchas formas financieras y legales. Usted puede pasar alrededor de una hora con todas las formas y firmas requeridas.

PROFESIONALES QUE NECESITA Y LO QUE HACEN

Esta sección proporciona una orientación a los diferentes profesionales con quienes usted puede necesitar trabajar en una transacción inmobiliaria en la Florida. **Puesto que cada experiencia exitosa de compra de un bien inmobiliario comienza y termina con elegir un Realtor® excelente, refiérase por favor al capítulo anterior en el libro para ver una discusión comprensiva de cómo encontrar el mejor Realtor® que satisfaga sus requisitos.**

A través de muchos años de trabajar en el campo inmobiliario, hemos interactuado con centenares de diversos profesionales, de contratistas y de proveedores de servicios. A través de este tiempo, hemos desarrollado la filosofía de que trabajaremos solamente con la gente que conocemos, nos agrada y en las que tenemos confianza. La razón de esto es porque durante el proceso de la compra y venta la mayor parte del proceso de decisión se basa en la calidad del asesoramiento e información que reciben los compradores y vendedores. Si nuestros clientes están recibiendo información inexacta, incompleta, o escasa, esto puede llevarlos a escoger opciones equivocadas. Esto no beneficia a nadie a largo plazo.

La mayoría de los Realtors® cualificados tienen una amplia experiencia para guiarle hacia recomendaciones maravillosas acerca de los siguientes profesionales. Aquí nuestra meta es proveerle un contexto del papel que juega cada uno de estos profesionales, y de algunos parámetros para ayudarle a elegirlos por su cuenta si es necesario.

Inspector de la Vivienda

El inspector de la vivienda desempeña uno de los papeles más importantes durante el proceso de la compra. Su análisis ofrece una evaluación bastante comprensiva de la condición de la propiedad (véase la sección de Inspección de la Vivienda), muchas veces revelando aquellas cosas que no se puedan considerar fácilmente al caminar por la propiedad o en demostraciones. El informe de un inspector de viviendas es tremendamente importante para la decisión de la compra de una vivienda y a veces trae a relucir cosas que resultan en cambios en las negociaciones del contrato. Debido a esto, es de suma importancia emplear a alguien que sea honesto, cuidadoso, diligente, y efectivo. Preferimos que sea alguien que se gana la vida haciendo las inspecciones de viviendas (es decir que lo hace como profesión), y no como un negocio lateral. También, encontramos que si el inspector de viviendas intenta vender sus servicios como contratista de construcción, esto es un conflicto de intereses, ya que pueden no ser enteramente objetivos.

Cuando usted está decidiendo a quién emplear como su inspector de la vivienda, es importante que le haga preguntas para que tenga una idea clara de exactamente qué hacen durante la inspección (qué tan cuidadosos son), cuánto cobran, y qué tipo de informe proporcionan cuando terminan el trabajo. Usted puede incluso pedirles que proporcionen una muestra del informe junto con algunas referencias. Aconsejamos encarecidamente, que cuando sea posible, nuestros clientes estén presentes para la inspección si realmente desean tener la oportunidad de aprender sobre la propiedad de primera instancia. Es una gran manera de aprender y de hacer preguntas.

El inspector de la vivienda debe ser un individuo que proporciona una historia consistente, tanto al comprador como al vendedor en vez de ser excesivamente dramático acerca de la situación con el comprador y subestimarla con el vendedor. Una inspección debe ser objetiva. Una teja en el techo está rota o no, el agua, se calienta o permanece fría. Con un inspector informativo y sin prejuicios, el comprador y el vendedor deben sentirse bien acerca del análisis, especialmente porque no es infrecuente que la inspección pueda revelar los componentes que necesitan ser reparados o mantenidos de los que el vendedor pudo no haber estado enterado previamente.

Un inspector de viviendas profesional tendrá certificaciones de una o más asociaciones comerciales por ejemplo:

Asociación Nacional de Inspectores de Viviendas: *www.nahi.org*

Asociación de Inspectores Profesionales de la Vivienda de la Florida: *www.fabi.org*

Sociedad Americana de Inspectores de Viviendas: *www.ashi.org*

Agente Hipotecario

El agente hipotecario es un enlace entre los prestatarios y los prestamistas. No son los que realmente prestan el dinero (eso es lo hacen las entidades de crédito), en lugar, tienen una relación con un número de prestamistas y ayudan a acotejar las necesidades de cada cliente individual con la mejor entidad de crédito para cada situación particular.

Los agentes hipotecarios trabajan para recopilar todos los documentos necesarios, lo que incluye informes de crédito, verificaciones de empleo, notificaciones de activos, y tasaciones, para completar su expediente para la entidad de crédito. Es imprescindible que usted, como el comprador, responda oportunamente a toda la información que le pida su agente hipotecario y que sea muy directo acerca de todos sus datos financieros. Él o ella están trabajando en su nombre y sólo pueden hacer el mejor trabajo con toda la información disponible. Además, es para su mayor beneficio saber en cuanto antes que todo el financiamiento funcionará sin problemas. Usted debe estar consciente de que solamente en la fase de contingencia del financiamiento usted tiene la oportunidad de cancelar el contrato si las cosas no salen bien.

Cuando usted somete sus solicitudes a su agente hipotecario, ellos trabajarán para asegurar las tasas de interés y los términos del préstamo. Tal como cubrimos en nuestro capítulo de Finanzas, ellos también le proveerán de las divulgaciones requeridas por el estado y el gobierno federal tales como el «estimado de buena fe» de los costos asociados de su entidad de crédito unos días después de su solicitud. Una vez que el expediente de solicitud se considera como completo, el agente hipotecario lo somete a la entidad de crédito apropiada, que maneja la aprobación y el desembolso del préstamo.

El agente hipotecario es una de las partes más importantes de la transacción. Las pautas crediticias y los requisitos federales se han hecho más rigurosos en los últimos años. Un buen agente hipotecario será muy comunicativo con usted y también será proactivo en el trato de desafíos potenciales antes de que se presenten los problemas verdaderos.

Agente de Seguros

En la Florida cuando usted trabaja con un agente de seguros, también conocido como un corredor de seguros, están trabajando a su favor para encontrar la mejor cobertura disponible de acuerdo a sus circunstancias. Como el agente hipotecario que trabaja con las varias entidades de crédito, un agente de seguros puede colocar una solicitud para una póliza de multirriesgo de vivienda con varias compañías.

La mayoría de los dueños de viviendas desean pagar la menor cantidad de dinero y toman la cobertura más baja posible. Como consumidor, esto no es un mal objetivo. El aseguramiento en los EE. UU. tiende a ser más complicado y más costoso que en muchos países. Debido a nuestra especialización en la vida frente al agua, hay muchas variables a ser cubiertas por un seguro y no muchas opciones para las compañías de seguros. Para obtener una información adecuada el agente de seguros puede necesitar información de uno o más de los otros vendedores a incluir, el tasador, el topógrafo, y el inspector de viviendas. Para nosotros, la labor importante del agente de seguros está en que sea neutral para que usted pueda determinar si su propiedad está siendo asegurada eficazmente. Es bueno comparar precios y luego hacer que su Realtor® lo ayude a comparar las diversas opciones. La mayoría de los agentes de seguros intentan darle el precio más bajo posible, que en teoría es una buena cosa. Sin embargo, pueden descuidarse de discutir los pros y los contras entre una póliza que cueste menos en contraposición de cuánto realmente cubre la póliza. Su Realtor® debe poder ayudarle a hacer las preguntas importantes para determinar si la cobertura es suficiente, por ejemplo: ¿será realmente suficiente en caso de que el hogar necesite ser reconstruido?

Inspector de Plagas

El papel del inspector de plagas es pasar de veinte minutos a una hora (dependiendo del tamaño de la propiedad) examinando cuidadosamente la estructura entera de la casa, lo que abarca cualquier punto de acceso al ático o debajo de la vivienda, en donde pueden ocultarse las plagas. Cuando acaban, escriben un informe detallando dónde inspeccionaron, y cualquier área en que pueden esconderse las plagas. El informe puede también incluir información acerca de daños causados por infestaciones pasadas, así como recomendaciones relacionadas a cómo prevenir plagas en el futuro.

El inspector de plagas necesita tener integridad indiscutible. A la mayoría de la gente no le gusta la idea de tener insectos o criaturas en su vivienda, y sabiendo esto, algunos inspectores de plagas pueden intentar venderle más servicios que no son realmente necesarios. Aquí es realmente beneficioso utilizar a alguien a quien su Realtor® u otra persona de confianza, pueda recomendar.

Quisiéramos asegurar a nuestros lectores que mientras que las termitas, las cucarachas, los roedores y otros insectos son parte del ecosistema en la Florida y no es infrecuente que se presenten problemas, hay también soluciones que se utilizan a diario por estos mismos profesionales para resolverlos con eficacia. Nosotros mismos usualmente tenemos muy pocos problemas cada cierto tiempo, y podemos generalmente erradicar el problema con el mínimo uso posible de químicos. Hay también compañías que se anuncian como utilizadores de métodos orgánicos para el control de plagas. Una vez más, usted desea utilizar una compañía de buena reputación. Muchos tienen su propio entrenamiento para sus empleados y pueden también ser parte de una organización profesional tal como:

La Florida Pest Management Association *www.flpma.org*

Tasador

El tasador es un tercero independiente empleado para dar un valor justo y exacto a la propiedad. Si usted está trabajando con una entidad de crédito ellos elegirán al tasador. Si usted paga en efectivo y elige tener una tasación, entonces podrá elegir uno. Usted debe elegir siempre a alguien que viva y trabaje en el área y que ha hecho centenares si no millares de tasaciones similares. En nuestra opinión, la tasación es un arte más bien que una ciencia, y preferimos verlas hechas por la gente que tiene familiaridad profunda con las propiedades en su vecindario. Hay diferencias sutiles al igual que importantes que se presentan especialmente con propiedades únicas tales como las que están frente al mar y al agua, donde hay diferencias que deben ser incluidas al valor de la propiedad. Recibimos llamadas todo el tiempo de tasadores buscando datos comparables sobre propiedades que hemos alistado y vendido. Apreciamos que estén haciendo su tarea, más bien que simplemente confiando en la información del internet.

Busque siempre a un tasador que lleva la designación de **Tasador General Acreditado de la Asociación Nacional de Realtors®**, ya que esto significa que su educación y experiencia son superiores a los requisitos del estado.

Depositario de Plica

El término en plica se refiere al dinero sostenido por terceros independientes a nombre de dos partes que estén completando una transacción. Cuando usted está comprando una propiedad y hace sus depósitos, estos dineros entran en plica. Hay tres posibilidades de quién custodia la plica (es decir, el depositario de plica) para cualquier transacción dada. Esto se indica claramente en el Contrato de Compra y Venta y es elegido normalmente por el Realtor® del comprador:

1. La Firma Inmobiliaria con la Cual Tiene Licencia su Realtor

2. Firma de Abogados Especialistas en Cuestiones Inmobiliaria

3. Compañía de Título

El dinero sostenido en plica no es accesible al comprador, ni al vendedor durante el trámite de la transacción, a menos que y/o hasta que las condiciones del contrato se satisfagan o no. Por ejemplo: si hay una cláusula en el contrato que dice que el «comprador tendrá 10 días para hacer la diligencia debida», y el comprador decide en el plazo de los diez días que la propiedad no satisface sus necesidades, entonces recibirán un reembolso completo del depósito siempre que notifiquen en el plazo de los diez días que no desean proceder. Si se cumplen todos los términos del contrato y los interesados llegan al cierre, los dineros sostenidos en plica serán abonados hacia la compra de la propiedad.

Contable Fiscal

Contable Fiscal de la Florida

Aconsejamos encarecidamente a todos los compradores no residentes que inviertan algunos cientos de dólares en reunirse con un contable en la Florida que tenga amplia experiencia en trabajar con clientes internacionales. Es importante entender su situación fiscal única y de cerciorarse de que usted se atenga a todos los aspectos de la ley de impuestos. En muchos casos, no tendrá que pagar impuestos, pero los costos de no reportar o de incumplimiento pueden ser mucho más altos.

Contable Fiscal De Su País De Origen

La deuda total de impuestos de un comprador internacional puede ser diferente que la de un residente de los EE. UU., dependiendo del país de origen del comprador y de los acuerdos fiscales con los EE. UU., si estos existieran. Por lo tanto, también pensamos que es mejor consultar a un consejero fiscal dentro de su país de origen que esté familiarizado con acuerdos fiscales. Por ejemplo, la tasa de las ganancias de capital para los residentes de los EE.

UU. es del 15-20 por ciento (si la propiedad ha estado poseída por más de un año). Los nacionales extranjeros, sin embargo, pueden ser requeridos a pagar una tarifa más alta, dependiendo del acuerdo fiscal de su país de origen con los EE. UU. Un contable fiscal en su país de origen, que está al corriente del acuerdo, sería el mejor recurso para contestar estas preguntas. Vea por favor la sección de impuestos más adelante en este libro, para más información.

Agente de Formalización

El Agente de Formalización es la persona o la compañía que conduce su cierre. El agente de formalización puede ser una de dos firmas: una compañía de título, o un abogado. Típicamente, no hay mucha diferencia en el costo de usar a una compañía de título o a un abogado. Los honorarios para los servicios de esta persona o de la compañía se incluyen en el honorario del Seguro de Título de Propiedad. De hecho, cerca del 70 por ciento de ese honorario (para las propiedades que cuestan menos de un $1M) es para el agente de formalización y se paga en el cierre. Para las propiedades de $1M en adelante, el porcentaje se reduce un poco, según la guía de tarifas de la Florida llamada Florida Promulgated Rate Guide. La compañía de título es también la agencia que proporciona el seguro de título de propiedad. Vea por favor nuestra sección del Seguro de Título de Propiedad para más información.

En la mayoría de los condados en la Florida, el vendedor paga el costo del seguro de título de propiedad, y elige posteriormente el agente de formalización, aunque este punto puede ser negociado en el contrato. En los condados de Collier, Sarasota, Miami Dade, y Broward, el comprador paga generalmente el seguro de título de propiedad y elige así normalmente al agente. En nuestra opinión, es un beneficio para usted elegir el agente de formalización. Si usted tiene la oportunidad de negociar esto en su contrato le recomendaríamos que lo hiciera. Aunque en efecto, cualquier persona que usted elija debe ser neutral para ambas partes. **En nuestra opinión, si usted emplea a un abogado inmobiliario para hacer el trabajo no sólo serán más minuciosos, pero serán más activos en velar por sus intereses y en aconsejarle.**

Las compañías de título llenarán los requisitos del trámite para el cierre; sin embargo, su única responsabilidad realmente, es la de conducir la transacción. En nuestra opinión es mejor tener a alguien que investigue a fondo cualquier problema potencial que pueda afectarlo, y si estos se presentan, que pueda ofrecer asesoramiento jurídico, negociar, y modificar y ajustar documentos jurídicos y contratos.

He aquí un resumen de los pros y los contras de abogados de bienes raíces frente a las compañías de título como agentes de cierre:

ABOGADO INMOBILARIO

Pro:	Más minucioso
Pro:	Ofrece asesoramiento jurídico, análisis, y guía (si se presentan algunos problemas ellos pueden probablemente encontrar rápidamente una solución)
Pro:	Velan activamente por sus intereses
Pro:	Puede modificar y extender contratos si un cierre no resulta como lo previsto (incluso el cierre anticipado más directo puede enfrentarse a problemas)
Con:	El honorario está incluido en el seguro de título de propiedad, aunque pueden cobrar honorarios adicionales
Con:	Puede complicarse demasiado

COMPAÑÍA DE TÍTULO

Pro:	La mayoría de los documentos de cierre son estándar así que un abogado no es necesario
Pro:	Honorario incluido en el seguro de título de propiedad
Con:	No dan asesoramiento jurídico. (Si se presentan algunos problemas, la compañía de título lo dirigirá de nuevo al Realtor® para resolverlos)

FINANCIAMIENTO

El primer punto que deseamos acentuar es que hay opciones de financiación disponibles para el comprador global (a veces también designado como un "ciudadano extranjero"). Hay dos opciones principales para los compradores globales: pedir dinero prestado a una entidad de crédito de los EE. UU. usando como garantía la propiedad en la Florida, o-si los términos de financiación son más favorables en su país de origen-pedir prestado contra el patrimonio neto de sus activos, y con el dinero en efectivo comprar en la Florida. Porque los tipos de interés están bajos, muchos compradores que pueden pagar efectivo han elegido financiar parte de su compra dejando el capital disponible para oportunidades de inversión subsiguientes.

Opciones de Financiamiento

EFECTIVO

Hay ventajas de comprar absolutamente en efectivo. Por un lado, sus gastos de compra son más bajos ya que los honorarios para el registro y el trámite al igual que los impuestos son más bajos. Usted tiene más flexibilidad en el sentido de que no tiene que depositar en plica los impuestos sobre el seguro y el bien inmobiliario. Los compradores de efectivo también tienen una posición más fuerte en la negociación del contrato de la compra. Si usted está pagando efectivo cerciórese de consultar a un especialista de intercambio de monedas, ya que potencialmente puede lograr mejores tasas de cambio y ahorros.

Dicho esto, hay también muchas ventajas de usar financiamiento, y muchos inversionistas pueden elegir no atar grandes cantidades de efectivo en la compra de la propiedad.

REFINANCIAMIENTO DE SU HIPOTECA EN SU PAÍS DE ORIGEN

Si usted ha acumulado patrimonio neto en su vivienda de su país de origen puede ser que pueda liberarlo al refinanciar esta hipoteca para usar el patrimonio neto en la compra de una vivienda en la Florida. Esta es una estrategia popular con los compradores canadienses y británicos en el momento, pues hay tasas de cambio favorables y precios elevados en sus países, lo que significa que mucha gente ha acumulado mucho patrimonio neto.

OBTENER UNA HIPOTECA EN SU PAÍS DE ORIGEN

Muchos bancos prestarán a compradores hasta el 80 por ciento del precio de compra para los segundos hogares en el exterior. Esto es algo que puede investigar, si usted tiene una buena relación y un historial largo con su banco.

OBTENER UNA HIPOTECA EN LA FLORIDA

Los préstamos convencionales en los Estados Unidos generalmente requieren de los residentes americanos un mínimo de 20 por ciento de depósito de patrimonio neto. Si usted decide obtener el financiamiento en los EE.UU., considere que se percibe un riesgo más alto prestarle a un comprador cuya residencia principal está localizada fuera de los EE. UU., los préstamos típicamente son más caros para el comprador global. Este costo se manifiesta de dos maneras: la porción del patrimonio neto que se requiere por adelantado es típicamente mayor que el 20 por ciento y puede llegar hasta el 35 por ciento. El rango de la tasa de interés es de 0,5 a 2,5 puntos porcentuales más altos. Esto sucede porque actualmente, no existe un mercado secundario en donde las hipotecas pueden ser vendidas. Así que las entidades de crédito retienen esas hipotecas en sus carteras por la duración del préstamo. Usted puede utilizar esta calculadora de hipotecas para investigar cual sería la cantidad de sus pago en *www.martinfunding.com/martin-funding-services/ mortgage-tools/.*

Tipos de Hipotecas de Estados Unidos

La sabiduría convencional dicta que cuando las tasas de interés son bajas, como en nuestro ambiente actual, usted desearía que se les fueran garantizadas por un período de tiempo más largo. Cuando las tasas de interés son altas, usted optaría por tasas ajustables a un plazo más corto. Dicho esto, los programas hipotecarios más comunes son los siguientes.

HIPOTECAS DE TASA FIJA

La hipoteca de tasa fija ha sido tradicionalmente el tipo de hipoteca más popular en la Florida. Ésta es una hipoteca en la cual la tasa de interés se mantiene constante por la duración del préstamo. Con una hipoteca de tasa fija, usted paga el capital y el interés a través de un período fijo (generalmente) de 15, 20 o 30 años en exactamente la misma cuota por la duración del préstamo. Este tipo de hipoteca satisface a compradores que valoran saber exactamente cuáles serán sus pagos a largo plazo, y no desean tomar ningún riesgo de ser afectados por subidas en las tasas de interés.

Normalmente, con préstamos más cortos, el tipo de interés es más bajo. En un préstamo de más largo plazo su tasa de interés es más alta pero su cuota mensual es más baja comparada a un préstamo más corto. Un préstamo a largo plazo es más conveniente para las personas que tienen un presupuesto limitado y que necesitan que su pago mensual sea la menor cantidad posible. La ventaja de un préstamo a corto plazo está en poder pagar su préstamo más rápidamente, en efecto reduciendo la cantidad de interés total pagada por la duración de su préstamo.

HIPOTECAS DE TASA AJUSTABLE

Las hipotecas de tarifa ajustable (ARM, por sus siglas en inglés) son los préstamos en los cuales las tasas de interés cambian con base a la tasa de interés del mercado. Con una ARM hay generalmente una tasa de interés fija para el comienzo del préstamo (típicamente de uno a siete años dependiendo de su transacción) después de lo cual, la tasa se ajusta una o dos veces al año, (dependiendo del tipo de hipoteca) y fluctúa conforme a índices financieros publicados independientemente.

Las hipotecas de tarifa ajustable ARM, para comenzar, vienen con tasas más bajas que una hipoteca de tasa fija pero suben y bajan a través del tiempo dependiendo del mercado. A la gente le gusta la opción de hipoteca ARM porque puede significar ahorros, no obstante esto también puede significar cambios inesperados en los pagos mensuales. Su tasa inicial más baja puede ayudarle a calificar para una cantidad más grande de hipoteca. Las hipotecas ARM tienen un «tope ajustable» que limita por cuánto puede subir o bajar el interés. Esto ayuda a prevenir aumentos grandes en su pago mensual de sorpresa. Si usted sabe que su ingreso está subiendo y guardará paso con los ajustes de una hipoteca ARM, o si usted planea vender en algunos años, esto podría ser una buena opción.

HIPOTECAS DE AMORTIZACION

Las hipotecas de amortización son las hipotecas a corto plazo donde pagos regulares más bajos se hacen hasta el final del término del préstamo, cuando un pago final más grande es debido. Esto es útil cuando usted sabe que no desea estar atado a una hipoteca durante mucho tiempo y que usted podrá acumular una suma grande de dinero en un futuro cercano.

La ventaja de este tipo de préstamo es que la tasa de interés en las hipotecas de amortización son normalmente más bajas que una hipoteca de 15 o 30 años, lo que significa pagos mensuales más bajos. La desventaja es que al final del término usted tendrá que reunir una suma total de dinero para liquidar la deuda con su entidad de crédito.

TIPOS DE HIPOTECA DE INTERÉS SOLAMENTE

Con una hipoteca de interés solamente usted paga solamente el interés debido. El total prestado es debido al final del término del préstamo. Esto ofrece el pago más bajo posible sin realmente aumentar la deuda de la cantidad debida.

COMBO/COMBINACIÓN DE TIPOS DE HIPOTECAS

Este financiamiento consiste en dos préstamos: una primera y una segunda hipoteca. Las hipotecas pueden ser de tasa fija o ajustable-o una combinación de los dos. Cuando el depósito inicial es de menos del 20 por ciento, los prestatarios sacan dos préstamos para evitar tener que pagar un seguro de hipoteca privado.

LÍNEA DE CRÉDITO O PRÉSTAMO SOBRE EL PATRIMONIO NETO DE LA VIVIENDA

Éstos son menores a y en segundo lugar a la hipoteca existente. Los prestatarios sacan un préstamo contra el patrimonio neto de la vivienda para recibir efectivo. Los préstamos pueden ser de cualquier tipo: ajustable, fijo, o una cuenta de crédito de la que el prestatario puede retirar fondos a medida que sea necesario.

Existen opciones financieras para compradores globales para casi cualquier situación, y una vez que el agente hipotecario adecuado entienda sus circunstancias, él o ella le ayudarán a encontrar el ajuste adecuado para sus necesidades específicas. Su Realtor® debe tener buenas relaciones con los agentes hipotecarios y las entidades de crédito que pueden ayudarle a alcanzar sus objetivos de financiamiento.

ESTIMACIÓN DE LOS COSTOS DE FINANCIAMIENTO

Si usted solicita financiamiento en los EE. UU., por ley federal su entidad de crédito esta requerida a proporcionarle una declaración llamada un «Estimado de Buena Fe» de los costos asociados unos días después de su solicitud. Esto es un documento estandarizado usado para detallar todos los costos de obtener su hipoteca, incluyendo pagos mensuales y de una instancia. Éstos están usualmente entre el 1 al 3 por ciento del valor de la transacción. Antes del cierre actual, todos estos costos son documentados en la Declaración de Cierre (Forma HUD-1) según lo mencionado anteriormente. Usted también puede utilizar esta calculadora práctica para estimar sus costos de cierre durante su búsqueda de la propiedad: *www.facc.firstam.com/*

Guía Rápida de los Costos de Compra

Consulte por favor el Apéndice para ver un ejemplo de una Declaración de Cierre que ilustra el detalle de cada uno de los costos, también conocida como la Forma HUD-1.

COSTOS DEL TÍTULO

- Seguro de Título de Propiedad
- Honorario de la formalización o cierre
- Preparación de documentos
- Honorarios del abogado

COSTOS DEL CIERRE ADICIONALES

- Seguro Multirriesgo de Vivienda
- Honorario de la Tasación (opcional para los compradores de efectivo)
- Impuestos sobre la propiedad pagados por adelantado o facturas de los suministros - El vendedor recibirá un crédito del comprador en la declaración de cierre por cualquier pago de impuestos o de suministros pagados por adelantado

ÍTEMS EN CONEXIÓN CON EL PRÉSTAMO

- Honorario de iniciación del préstamo
- Descuento del préstamo
- Informe de crédito

ÍTEMS REQUERIDOS POR LA ENTIDAD DE CRÉDITO POR ADELANTADO

- Interés
- Prima de seguro de hipoteca

GASTOS PREPAGADOS EN PLICA

- ✓ Seguro Multirriesgo de Vivienda
- ✓ Impuestos inmobiliarios locales

NOTA DE LOS AUTORES

Cuando usted saca una hipoteca, la compañía hipotecaria puede establecer una cuenta de plica de acuerdo a los términos de la hipoteca, para asegurar que el seguro y los impuestos sobre el bien inmueble son pagados durante el término de préstamo. Así que, en vez de recolectar el pago de la hipoteca cada mes, la compañía hipotecaria también recolecta una cantidad para cubrir los impuestos y el seguro.Ellos entonces son responsables por la contabilidad de esta cuenta de plica separada, y de someter los impuestos y los pagos del seguro en una manera oportuna. En estos casos la entidad de crédito recolectará una cantidad de costos futuros vía el agente de formalización.

SER PROPIETARIO DE UNA VIVIENDA EN LA FLORIDA

IMPUESTOS INMOBILIARIOS

Hay tres tipos de impuestos referentes a propiedades inmobiliarias. Primero, para todas las propiedades en la Florida se calcula un valor fiscal y los dueños pagan un **impuesto inmobiliario** anual basado en este valor (a excepción de iglesias, escuelas, y entidades del gobierno). Este impuesto se paga al municipio local.

Segundo, si usted vende su hogar, puede haber un **impuesto de ganancias sobre el capital** sobre la ganancia realizada en la venta. Para este panorama, hay pautas federales dispuestas para los compradores globales bajo la **Ley de Impuestos sobre**

Inversiones de Extranjeros en Bienes Inmuebles, (FIRPTA, por sus siglas en inglés).

La tercera categoría de impuestos se aplica solamente a las propiedades de alquiler. Si se genera un beneficio neto del ingreso del alquiler, puede haber un **impuesto federal sobre el beneficio de alquilar una vivienda de vacaciones u otra propiedad de inversión.** Además, para los alquileres a corto plazo hay un **impuesto sobre la venta** que se carga normalmente al inquilino y se somete al gobierno local. Explicaremos las consideraciones impositivas para los alquileres más completamente en nuestra sección de Alquiler de Propiedades.

Como hemos mencionado antes, el derecho tributario es un área donde abogaríamos utilizar a un profesional para cerciorarse de saber cómo los impuestos pueden aplicarse a su situación específica. Es una de las cosas más importantes a entender al comprar un bien inmobiliario en otro país, ya que los gastos fiscales podrían afectar drásticamente su retorno estimado. Cuesta alrededor de $300 reunirse con un experto en impuestos y pensamos que ese dinero es bien gastado, ya que podrán aconsejarle de su situación individual, y cerciorarse de que usted esté en cumplimiento en todas las áreas.

En esta sección discutiremos el impuesto sobre los bienes inmuebles, puesto que es aplicable a todos los dueños de propiedades sobre una base anual que se repite. Le introduciremos a FIRPTA de modo que usted esté enterado de la misma para propósitos de su futuro planeamiento fiscal, especialmente ya que es un asunto importante a discutir con su asesor fiscal en la reunión inicial. Para más detalles acerca de FIRPTA refiérase por favor a nuestro capítulo en la Venta de su Bien Inmueble de la Florida.

Impuesto sobre Bienes Inmuebles

En la Florida, los impuestos sobre bienes inmuebles van hacia las escuelas e infraestructura pública, incluyendo las calles, las bibliotecas, y los servicios médicos. El tasador inmobiliario del condado local fija el valor determinado (basado en los datos de mercado del año calendario anterior) a su propiedad el primero de enero de cada año. Los estatutos de la Florida dirigen cómo cada condado determina el valor de los bienes inmobiliarios. Ese valor es publicado/diseminado a fines del verano de cada año, aproximadamente. Cada condado tiene su propio sitio web que define el proceso para sus residentes, así que usted puede encontrar esto para su ubicación particular.

El plazo para el pago de impuestos sobre bienes inmuebles no vence hasta el primero de marzo. Sin embargo, usted puede comenzar a pagar el primero de noviembre del año fiscal. Por cada mes que usted pague por adelantado, (por un total de cuatro meses) usted recibe un descuento del uno por ciento de su factura total de contribución fiscal, (hasta un descuento máximo total de cuatro por ciento). Por ejemplo, si su contribución del impuesto inmobiliario es $4.000, si paga en noviembre, se ahorra $160. Si usted decide hacer de la Florida su residencia principal, tendrá derecho a una reducción leve, (hasta $50.000) en el valor determinado de su propiedad, de tal modo reduciendo su contribución del impuesto inmobiliario, a través de algo llamado la Exención Homestead.

Ley de Impuestos Sobre Inversiones de Extranjeros en Bienes Inmuebles (FIRPTA, por sus siglas en inglés)

(Vea por favor más adelante, el capítulo sobre la Venta de Su Vivienda, para una discusión detallada de FIRPTA)

Como en muchos países, una de las maneras de las que el Gobierno de los EE. UU. devenga ingresos es gravando beneficios por la venta de inversiones inmobiliarias en el país. Éste es un tipo de impuesto sobre ganancias de capital, que se aplica igualmente a los ciudadanos y a los no ciudadanos que venden una propiedad de inversión (la venta de una residencia primaria se tramita diferentemente). Los ciudadanos americanos son sujetos a este impuesto como parte de su impuesto sobre la renta regular. Para los compradores globales, FIRPTA es la ley de impuesto que fija los parámetros para manejar el pago de impuestos para personas extranjeras que venden intereses inmobiliarios estadounidenses.

El papel que juega FIRPTA está en las inversiones de bienes inmobiliarios que son vendidos sobre los $300.000 y que se han apreciado en valor. Efectivamente, usted está pagando impuestos sobre la ganancia que ha hecho sobre el bien inmueble. Las reglas de retención pueden ser complicadas de entender, así que es recomendable como siempre, tomar consejo legal o de contabilidad para cerciorarse de que las está cumpliendo. Como siempre, es mejor gastar dinero al principio para aclarar lo que usted necesita hacer, antes de tener que tratar con cualquier consecuencia involuntaria por simplemente no saber cómo funciona el asunto.

SUMINISTROS

En los Estados Unidos utilizamos el término **suministros** para referirnos a servicios que los consumidores utilizan en los ambientes residenciales y comerciales: electricidad, gas natural, agua/alcantarillado, TV, internet, y servicios telefónicos. Para establecer cualquiera de estos servicios, usted necesitará contactar a las empresas de suministro público locales y abrir una cuenta. En contraste con algunos otros países, donde hay competencia para muchos tipos de suministros, en la Florida puede ser que existan solamente una o dos opciones para un servicio dado. Es muy probable que tenga que hacer negocio con compañías separadas para la electricidad, el gas, y el agua/alcantarillado. Para la televisión usted puede elegir entre transmisiones por cable, satélites y fibra óptica. El internet está disponible por medio de una compañía de televisión por cable o de la compañía de teléfono.

Dependiendo de donde está ubicada su propiedad en la Florida, la compañía que proporciona sus servicios puede ser administrada por el municipio, una compañía privada supervisada por el gobierno, o una compañía privada independiente. De cualquier suministro que usted escoja, espere un cargo mensual de los servicios utilizados. Cuando usted abre su cuenta, algunas compañías requieren que los clientes nuevos paguen un depósito para asegurar la cuenta. Normalmente, este depósito es reembolsado al paso de cierto período de tiempo o al cierre de su cuenta. Para uno de nuestros compradores recientes de Alemania el depósito fue de alrededor de $500 dólares. La empresa de suministros públicos puede también realizar una verificación de crédito internacional, o solicitar referencias antes de acceder a abrirle una cuenta.

Actualmente, la manera más eficiente de tramitar facturas de electricidad es a través de correo electrónico. La mayoría de las compañías ahora envían las facturas por correo electrónico, y el consumidor simplemente paga la cuenta en línea en el sitio web de la compañía de energía. Como muchos otros negocios actuales, la mayoría de las empresas de suministro público en la Florida permitirán que usted instale un sistema de pagos automáticos que retira sus pagos de una cuenta de cheques. Debido a que muchas facturas de suministros no resultan ser un gasto fijo, algunas personas dudan en instalar pagos automáticos, pero esto le ayudará a prevenir honorarios por pagos tardíos y simplificará el proceso de pago. Muchas compañías de suministros también ofrecen la opción de pagar sus facturas vía tarjeta de crédito. Algunos consumidores prefieren esta opción ya que puede agregar millas o puntos hacia su programa de viajero frecuente.

Electricidad

Hay solamente un abastecedor de electricidad para cada área específica en la Florida. A diferencia de algunos países europeos, todavía hay uso limitado de energía renovable en el estado. Para aprender sobre medidas de ahorro de energía, la mayoría de las compañías de electricidad en la Florida tienen un programa por el cual se evalúa la utilización de energía en su vivienda y se proveen recomendaciones en cuanto a qué pasos puede tomar para consumir menos energía. También a veces proporcionan rebajas que ofrecen ahorros o incentivos sustanciales a clientes para que instalen o adapten sus viviendas añadiendo medidas de ahorros de energía, tales como, electrodomésticos, ventanas, o aislamiento.

Gas Propano y Gas Natural

Algunas propiedades utilizan gas propano que es entregado por camión regularmente a un tanque que está sobre o bajo tierra. Esto se utiliza generalmente para calentar las piscinas. En nuestra experiencia es un combustible más costoso que el gas natural, pero puede ser la única opción.

El gas natural está disponible en algunas áreas y es relativamente barato. Muchas viviendas pueden tener acceso al gas natural; sin embargo el dueño actual quizás todavía no ha establecido la línea de conducto de la calle a la vivienda. Este costo por lo general, corre por parte del dueño; sin embargo, en nuestra experiencia si usted va a tener dos o más gasodomésticos, la compañía de gas paga el costo de instalar ambos, tanto la línea de gas como el contador en su vivienda. Los dueños de una vivienda pueden elegir utilizar gas natural solo para el calentador de agua de la piscina y una parrilla al aire libre, o también incluir uno o más gasodomésticos interiores tales como la chimenea, la estufa, la secadora de ropas, y/o el calentador de agua.

NOTA DE LOS AUTORES

Deseamos compartir que si un inquilino elige no pagar su alquiler, los procedimientos en la Florida se documentan muy bien. Por lo tanto, si usted se ve en una situación en la que necesita deshacerse de un inquilino este es un proceso mucho más fácil de lo que puede haber experimentado en otros países.

Agua/Alcantarillado

El agua consumida en la Florida proviene de acuíferos subterráneos así como de lagos y ríos. Cada mes el contador de su vivienda será leído para registrar el consumo. Si su hogar utiliza un tanque séptico, el alcantarillado no aplica, pero si usted tiene servicio de alcantarillado, la factura por dicho servicio será típicamente emitida a través de su abastecedor de agua, como un porcentaje del consumo de agua total.

Televisión

Cuando está comprando servicios de transmisión de televisión para su hogar, por lo general puede escoger entre cable, satélite y fibra óptica. En la Florida, la mayoría de la televisión se trasmite a las viviendas vía cable, y hay generalmente una variedad de planes y de ofrecimientos disponibles a través de una compañía de cable local. Las compañías de televisión por cable pueden ofrecer un conjunto de servicios de teléfono/internet y TV a una cuota más baja. La compañía de teléfono local puede también agrupar estos tres servicios. Si usted elige utilizar el satélite puede tener un par de compañías de las que elegir. No es infrecuente que se ofrezcan promociones de cualquiera de estos abastecedores, ya que la competencia es saludable en esta área.

Internet

Tal como con la TV, usted tiene generalmente algunas opciones para el internet: cable, fibra óptica, o DSL de banda ancha. Una vez instalada la conexión puede comprar un enrutador inalámbrico (usualmente disponible de su abastecedor) y entonces podrá utilizar WIFI libremente en cualquier lugar de su vivienda. En contraste al caso de algunos países europeos, usted no tiene que tener una línea terrestre para conseguir la conexión de internet. Puede ser proporcionada de cualquier compañía de comunicaciones o vía una compañía de cable, y puede también ser proporcionada independientemente del servicio telefónico y de la televisión.

Servicios de Recogida de Residuos/ Reciclaje

El municipio casi siempre gestiona la recogida de residuos y el reciclaje. Para la mayoría de las áreas, la basura es recogida una vez o dos veces a la semana, y usualmente este costo va incluido en los impuestos inmobiliarios. Aunque el municipio elija subcontratar a una compañía privada para la recogida de basura, la factura continuará siendo incluida en sus impuestos inmobiliarios. Esto es verdad incluso en comunidades privadas o cerradas.

En condominios o apartamentos la situación es ligeramente distinta en cuanto a la recogida de basura y desperdicios. Normalmente, la asociación del edificio organiza este servicio, aunque usted puede ser cargado un honorario para esto. Usualmente usted será responsable por llevar los desperdicios al lugar de recolección de basura, o simplemente tirarlos por la tolva de basura. Los condominios y los apartamentos tienden a tener reglas estrictas acerca de las maneras en que se maneja la basura, y obviamente es verdaderamente importante desde la perspectiva del control de pestes y de la salud y seguridad del edificio entero y de todos los residentes, que se disponga de la basura de una manera eficiente e higiénica.

GESTIONES BANCARIAS EN LA FLORIDA

En nuestra experiencia, si usted es dueño de una vivienda en la Florida y/o planea pasar tiempo en los EE. UU., regularmente, encontrará que es más fácil tener una cuenta bancaria en los EE. UU. Ya sea para pagar facturas asociadas con su vivienda, para retirar efectivo de un cajero automático local con facilidad y a un costo menor, o pagar por mercancías y servicios de una manera simple, creemos que es algo práctico tener una cuenta bancaria en la Florida. Abrir una cuenta es un proceso bastante directo. Después de que abra la cuenta, debido a actividades bancarias en línea o móviles, puede que ya no vuelva a necesitar hacer uso de la planta física de la sucursal.

Al momento de enviar este libro a la imprenta, consultamos a un gran banco multinacional, a un banco muy prominente de los EE. UU. y a un banco regional de la Florida acerca de cómo un ciudadano no residente puede establecer una cuenta bancaria. Los requisitos para abrir una cuenta en cualquiera de estos tres bancos son bastante directos. Usted debe aparecer en persona a la sucursal del banco local con un pasaporte y una identificación secundaria (consulte con el banco para saber qué documento califica pues generalmente hay varias opciones). En algunos casos, puede haber una cantidad mínima de dinero que usted debe depositar inicialmente.

Recientemente, dos grupos de clientes globales abrieron cuentas en bancos regionales en nuestra área. Ambos procesos fueron fáciles y directos. Un banco no requirió un depósito grande, sólo que siempre hubiera un mínimo de $500 en la cuenta. El otro requirió un depósito de $10.000 y el pasaporte de los clientes.

Cada banco tiene distintos requisitos y diferencias en los servicios, los cargos y las facilidades que ofrece a clientes internacionales. Vale la pena ir de compras alrededor de todos los bancos principales, tanto en su país de origen como en la Florida, para encontrar la mejor solución para sus necesidades.

Cuentas de Corretaje en los Estados Unidos

Una de las diferencias más grandes entre una cuenta bancaria y una cuenta de corretaje en los Estados Unidos es que con una cuenta de corretaje puede comprar y vender acciones de capital de sus compañías favoritas, tales como Apple, Google, General Electric, etcétera. Sin embargo, es mucho más fácil abrir una cuenta bancaria que una cuenta de corretaje. Una combinación de las leyes americanas y de las políticas bancarias crea una trayectoria confusa al abrir una cuenta. Aunque no tiene que ser ciudadano americano para abrir una cuenta, tiene que ser residente. Parece, sin embargo, que en la comunidad de corretaje no hay una definición estándar de qué constituye la residencia. Las firmas de corretaje están evaluando las cuentas nuevas para ciudadanos no residentes caso por caso. Nuestra sugerencia es conseguir recomendaciones de su equipo de asesores basado en la Florida, tales como su Realtor®, abogado, contable, vecinos, etcétera. Luego haga algunas averiguaciones por el internet y llame a sus favoritos para determinar su elegibilidad. Al ponerse en contacto con sus opciones directamente y explicar su situación individual, usted y la firma de corretaje pueden entonces trabajar juntos para determinar si y cómo pueden abrir una cuenta para usted. La buena noticia es que una vez que tenga una cuenta (similar a su cuenta bancaria) podrá tener acceso las 24 horas al día, siete días a la semana mientras pueda tener acceso al internet. El mundo de las finanzas nunca duerme.

Transacciones Monetarias Internacionales

PAYPAL

PayPal es un sitio global de pago del internet que permite que se hagan pagos y transferencias de dinero entre individuos en cualquier parte del mundo. PayPal carga honorarios por cada transacción. Estos honorarios se pueden basar en la moneda usada, ya sea que los pagos se hagan con una tarjeta de crédito o directamente de una cuenta bancaria, del país del remitente, del país del receptor, de la cantidad enviada y del tipo de cuenta del receptor. En nuestra experiencia, los costos transaccionales de PayPal son bastante bajos con respecto a lo que su banco puede cargarle por una transferencia internacional. Sin embargo, la tasa de cambio de ellos no es particularmente favorable. Así que, vale la pena comprobar, una tasa de cambio más favorable y resulta más barato realizar la transferencia de dinero con su banco.

TRANSFERENCIA DE DINERO

Una transferencia de dinero es una transferencia de fondos electrónica de la cuenta bancaria de un individuo o de una empresa a otra. La mayoría de los bancos tienen hoy en día instalaciones para transferir dinero internacionalmente con facilidad. Aunque probablemente esto no es una buena solución como actividad diaria, ya que a menudo se incurren gastos fijos, puede ser la manera más segura y más eficiente de transferir grandes sumas de dinero a la vez. La mayoría de los servicios pueden tener el dinero en la cuenta bancaria de los EE. UU. del receptor en dos o tres días. En muchas cuentas bancarias, una vez que usted haya establecido a un receptor internacional con detalles tales como su número de identificación del banco internacional (IBAN) o CÓDIGO SWIFT, es entonces posible hacer pagos internacionales automáticos a esos receptores usando el sitio web de su banco, o hasta con su app en su teléfono.

SISTEMAS DE CREDITO/DEBITO

Las tarjetas VISA y Mastercard de crédito y débito se aceptan en los cajeros automáticos y en la mayoría de los restaurantes y tiendas de toda la Florida. La American Express es un poco más exclusiva. Las compañías de tarjetas de crédito, especialmente en los bancos más grandes, tienden a ofrecer cambios de divisa muy favorables. Tener una tarjeta de crédito que no cargue honorarios por transacciones internacionales ofrece potencialmente una manera muy competitiva de gastar o de mover dinero al exterior. Hay muchas tarjetas disponibles con diversas ventajas al servicio de clientes internacionales.

IMMIGRACIÓN: ENTRADA A LOS EE. UU.

Antes de que nos zambullamos en el tema fascinante de la inmigración y de las visas, deseamos proporcionar cierto comentario y contexto. Primero, quisiéramos clarificar a nuestros lectores: que para ser dueños de bienes inmobiliarios en la Florida ustedes no necesitan ninguna documentación especial. Si puede traer su dinero a los EE. UU., usted puede invertir. En segundo lugar, si su objetivo es pasar tiempo en la Florida disfrutando del sol, del mar, y de inviernos suaves, es de esperarse que tres meses (el período en que la mayoría de los visitantes son aprobados inicialmente) pasen muy rápidamente. Esta es la razón por la cual observamos a muchos compradores globales optar por la visa temporal de seis meses, de modo que puedan pasar una temporada más larga y/o visitar más a menudo y disfrutar del estilo de vida y del clima de la Florida. Tercero, una estrategia muy popular para muchos compradores globales que planean traer a sus familias a los EE. UU., ya sea por razones financieras, educativas, de seguridad, o ambientales, es tomar la ruta de una Visa para Inversionistas EB-5. Con estos puntos claves en mente, le traemos lo más destacado de la inmigración en los EE. UU.

Descripción de las Visas

Un ciudadano de un país extranjero que desea entrar en los EE. UU. normalmente debe obtener una visa que le conceda entrada-un documento de viaje fijado a su pasaporte. El propósito del viaje, junto con otros factores, determina qué tipo de visa se requiere bajo la ley de inmigración de los EE. UU. Como elaboramos a continuación, los visitantes de ciertos países que desean venir por un período de menos de 90 días no necesitan obtener una visa. Si su país de origen no cae dentro de esta categoría, o si usted se propone permanecer más de 90 días, necesitará obtener una visa temporal. Si su objetivo es vivir o trabajar en los EE. UU. hay dos rutas principales a escoger:

1. Solicitar una de las visas de residencia permanente (también llamadas «Visas de Inmigrante» o «Tarjetas Verdes»), o

2. Solicitar una de las visas de residencia temporal (también llamadas las «Visas de No Inmigrante»).

La gente ha estado inmigrando a los EE. UU. por centenares de años. De hecho, el 2013 conmemoró los 500 años de aniversario del desembarco del explorador español Juan Ponce de León en St. Augustine, Florida (vea por favor nuestro resumen de mercado para esta ciudad histórica y encantadora) cuando él tomo posesión de la región en nombre de la corona española. Según el Departamento de Estado de los EE. UU., 65 millones de visitantes llegan a los EE. UU. cada año. Hoy en día, el proceso para solicitar los muchos tipos de visas es bastante directo. **Sin embargo, si su objetivo es obtener una visa de más largo plazo o de residencia permanente, creemos que realmente vale la pena encontrar a un abogado de inmigración que haya procesado centenares de solicitudes. Con su experiencia y entendimiento de los matices y de las sutilezas del proceso, podrán probablemente aconsejarle de la opción que realmente ofrece la mayor probabilidad de ser aprobada, al igual que ahorrarle mucho tiempo y dinero durante el proceso.** Para ilustrar un poco más: una opción popular para establecer la residencia es con la Visa EB-5 para inversionistas. Hay pautas mínimas que los EE. UU. espera que usted alcance, no obstante, un profesional sabrá si son más o menos rigurosas dependiendo de las condiciones económicas que prevalecen o de otros factores, y lo podrá probablemente orientar con más eficacia.

Aquellos que deseen pasar períodos extendidos de visita en los EE. UU. pueden solicitar una visa turística que amplía su estancia hasta seis meses. Si usted elige buscar empleo o comenzar un negocio en los EE. UU. hay una categoría de visas de trabajo. Y finalmente, si usted desea estar en los EE. UU. a largo plazo, puede elegir solicitar la condición de residente permanente (Tarjeta Verde) y eventualmente, la ciudadanía. A continuación está un resumen de los tipos principales de visas que son relevantes a los compradores de propiedades en la Florida, y de los criterios de elegibilidad. Nuestro propósito en esta sección es proporcionar una orientación, no obstante estos programas están siempre sujetos a cambios, así que le recomendamos siempre obtener la información más actualizada en ***www.travel.state.gov/visa/***

Exención de Visa

El Programa de Exención de Visado permite a visitantes de treinta y siete países visitar a los EE. UU. por un período inferior a 90 días sin tener que obtener una visa, mientras cumplan todos los criterios especificados. La tabla a continuación demuestra los países que califican:

Andorra	Hungría	Nueva Zelandia
Australia	Islandia	Noruega
Austria	Irlanda	Portugal
Bélgica	Italia	San Marino
Brunei	Japón	Singapur
República checa	Latvia	Eslovaquia
Dinamarca	Liechtenstein	Eslovenia
Estonia	Lituania	Corea del sur
Finlandia	Luxemburgo	España
Francia	Malta	Suecia
Alemania	Mónaco	Suiza
Grecia	Los Países Bajos	Taiwán
		Reino Unido

Fuente: www.travel.state.gov/visa/temp/without/
without_1990.html

Todos los viajeros que son elegibles para el Programa de Exención de Visado requieren ser autorizados a través del Sistema Electrónico de Autorización de Viaje (ESTA, por sus siglas en inglés), antes de salir para los EE. UU.

Visas Provisionales

Para los que desean permanecer en los EE. UU. temporalmente, o para los que desean entrar temporalmente antes de solicitar un estado más permanente.

- B-1/B-2 Visas de Visitante, que permiten que un visitante permanezca en los E.E.U.U. hasta por seis meses (no se permite trabajar)

- F-1 Visas de Estudiantes que permiten que los estudiantes extranjeros asistan a instituciones educativas en los EE. UU. En algunos casos se permite el empleo restringido

- J-1 Visas para Participantes en los Programas de Intercambio, que permiten que los aprendices de negocios vengan a los EE. UU. para aprender sobre una ocupación o una profesión hasta por 18 meses

- K-1 Visas para novios (fiancé) de ciudadanos americanos

- K-3 Visas para esposos de ciudadanos americanos

- P-1 Visas para Grupos de Artistas y Atletas Reconocidos Internacionalmente.

Visas de Trabajo

Si usted quisiera trabajar en los EE. UU. temporalmente, necesitará una visa específica basada en el propósito de su viaje y en el tipo de trabajo. Para obtener una visa, usted necesitará cumplir con los requisitos específicos de elegibilidad para una visa de trabajo temporal bajo ley de inmigración. El oficial consular determinará si usted califica para la visa.

Además, su empleador eventual normalmente debe registrar una petición de no inmigrante a su favor con el Servicio de Ciudadanía e Inmigración de los Estados Unidos, (USCIS, por sus siglas en inglés). Las compañías estadounidenses deben registrar la Forma we-129, Petición para el trabajador No inmigrante, con el Servicio de la Ciudadanía e Inmigración de los Estados Unidos (USCIS), y el Departamento de Seguridad Nacional de los Estados Unidos (DHS).

- E-2 Visas del Tratado de Inversionista, que permiten que los inversionistas de ciertos países inviertan una cantidad substancial de dinero y que adquieran una participación mayoritaria en un negocio activo de los EE. UU. La visa se emite hasta por cinco años y es renovable. El inversionista puede trabajar en su propio negocio. El esposo puede calificar para una tarjeta de trabajo temporal sin restricción. Los niños hasta la edad de 21 pueden acompañar a los padres y asistir a la escuela, pero no pueden trabajar

- H-1B Visas para Profesionales y Trabajadores Especializados, que permiten el empleo de trabajadores de capacitación profesional con el patrocinio de un empleador. La visa se emite por hasta tres años y se puede renovar por otros tres años (renovaciones adicionales son posibles en algunos casos)

- R-1 Visas para los Trabajadores Religiosos que son trasladados a los EE. UU. por una iglesia internacional relacionada

- Visas para ciertos trabajadores profesionales de México y de Canadá

- Esta visa se publica por un año y se puede renovar en incrementos de un año

- L-1 Visas para los Gerentes Multinacionales, los Ejecutivos y los Empleados con Conocimiento Especializado que están siendo trasladados a los EE. UU. por una compañía internacional relacionada

- O-1 Visas para los extranjeros con capacidad extraordinaria que están buscando el empleo temporal. Esta visa se emite hasta por tres años y se puede renovar en incrementos anuales.

Visas a Largo Plazo

Es posible llegar a ser residente permanente (portador de una Tarjeta Verde) de los Estados Unidos por medio de un trabajo u oferta de empleo. Sin embargo, algunas categorías requieren una certificación del Departamento de Trabajo de los EE. UU. que demuestre que no hay suficientes trabajadores extranjeros que pueden, quieren, estén cualificados, y disponibles en el área geográfica donde está empleado el inmigrante, y que ningún trabajador americano es desplazado por trabajadores extranjeros.

- EB-1: para los extranjeros con capacidad extraordinaria, profesores e investigadores excepcionales, o encargados y ejecutivos de empresas multinacionales

- EB-2: para los extranjeros con capacidad excepcional o los extranjeros con títulos universitarios avanzados (se requiere de un empleador/patrocinador)

- EB-3: para los trabajadores profesionales (con título universitario), los trabajadores expertos y los trabajadores inexpertos (se requiere un empleador/patrocinador)

- EB-4: para los trabajadores religiosos

- EB-5: para los extranjeros que invierten $1 millón

y crean 10 nuevos trabajos de tiempo completo (en situaciones limitadas, una inversión de $500.000 y la creación de cinco nuevos empleos es aceptable).

EB-5 Visa de Inversionistas

Este programa permite que el inversionista EB-5 y su esposo(sa) e hijos solteros menores de 21 años se hagan Residentes Permanentes Legales de los EE. UU. (es decir, obtengan la clasificación de tener la «Tarjeta Verde»)

PARA CALIFICAR, LOS INVERSIONISTAS EB-5 DEBEN CUMPLIR 3 REQUISITOS:

1. Realizar una inversión de al menos $500.000 a $1.000.000 en un instrumento de inversión colectiva

2. Proporcionar evidencia detallada de que el dinero invertido fue ganado de una manera legítima y

3. Su inversión debe causar la creación de 10 nuevos empleos en los EE. UU.

Los inversionistas EB-5 primero solicitan una Tarjeta Verde usando la Forma we-526 con la documentación de apoyo que explica el proyecto de inversión y la fuente del dinero invertido. Una vez que la forma we-526 sea aprobada, los inversionistas EB-5 obtienen una Tarjeta Verde condicional por el plazo provisional de dos años. Al final del periodo de dos años de la Tarjeta Verde condicional, los inversionistas EB-5 deben someter una segunda solicitud con el USCIS para probar que siguen invertidos en su proyecto, y que su inversión creó realmente los 10 nuevos trabajos requeridos.

El programa tiene un total de 10.000 Visas EB-5 disponibles cada año. Actualmente, no hay listas de espera. La mayoría de los inversionistas EB-5 son originarios de la China.

Ciudadanía

Una vez que usted haya tenido una Tarjeta Verde por diez años, y haya llenado todos los requisitos fiscales necesarios, usted es elegible para solicitar la ciudadanía.

ESCUELAS Y UNIVERSIDADES

Para nosotros, una de las tendencias más interesantes de la educación de hoy es el gran número de estudiantes internacionales que vienen a los EE. UU. para ir a la escuela. Esto afecta y se relaciona con el mercado de bienes inmobiliarios en algunas maneras. Primero, los padres pueden decidir que en vez de pagar el alquiler por cuatro años mientras que su hijo(a) está en la universidad, pueden comprar una casa o un condominio que sea la vivienda del joven adulto. Si es suficientemente grande, pueden incluso tener a uno o dos compañeros de cuarto a cambio de una renta, mientras que al mismo tiempo se tiene el potencial de un activo apreciable. Incluso después que se gradúe el/la hijo(a), esto podría ser una fuente de ingreso por arrendamiento continuo. En algunos casos, la familia entera se muda con sus estudiantes para vivir en los EE. UU. mientras que los niños asisten a la escuela. Así que, en las áreas donde hay escuelas, colegios universitarios, y universidades la demanda del mercado para viviendas unifamiliares es muy constante. Otra oportunidad convincente de bienes inmobiliarios en ciudades universitarias es la de invertir en propiedades de alquiler para servir a los estudiantes, pues las viviendas de alquiler están en demanda constante.

El sistema educativo americano, particularmente su sistema universitario, está considerado entre los mejores del mundo, y mucha gente desea que sus niños y nietos se eduquen en los EE. UU. ¡¡Mientras que hay buenas escuelas y universidades por todo el país, no todas las áreas del país ofrecen a las familias el clima tropical y el estilo de vida como lo hace la Florida!!

Aproximadamente 33.000 estudiantes internacionales asisten a universidades en la Florida cada año. En términos de instituciones de educación superior, la Florida tiene más de 57 colegios universitarios o universidades. Para los chicos de edad escolar primaria y secundaria, las opciones se amplían desde enviar a su hijo a un colegio interno hasta trasladar a la familia y asistir a una escuela del estado/ pública, o a una escuela privada. Familias de todo el mundo también matriculan a sus hijos atletas en varios programas de entrenamiento de deporte especializados aquí en la Florida.

Colegios Internos

Una manera de aumentar las probabilidades de que su hijo(a) sea admitido a un colegio universitario de su opción en los EE. UU. es enviándolos a una escuela secundaria en América. Los colegios internos (donde los niños viven en la escuela durante el periodo escolar) sirven a los estudiantes internacionales.

Tradicionalmente, los colegios internos en los EE. UU. se han concentrado en la costa oriental, con algunas academias y universidades renombradas e históricas poblando los estados de Nueva Inglaterra. Sin embargo, en la historia reciente muchas familias internacionales han elegido enviar a sus niños a estudiar a la Florida, y de acuerdo al recuento más reciente hay diez colegios internos en el estado. Admiral Farragut Academy en St. Augustine, por ejemplo, cuenta con estudiantes de 24 países en su matrícula.

Para ser admitidos en la mayoría de los colegios internos que aceptan a estudiantes internacionales, normalmente se requiere cierto nivel de dominio del idioma inglés. La mayoría de las escuelas usualmente requieren un año de inglés, o una clase de verano de inglés intensivo, si el estudiante no puede demostrar el nivel requerido de dominio del idioma.

Aquí está una lista de los colegios de internos de la Florida:

ESCUELA	GRADOS	# DE ESTU-DIANTES INTER-NACIONALES	CIUDAD
The Bolles School	K-12	90	Jacksonville
Florida Air Academy	6-12	200	Melbourne
IMG Academy	5-12	600	Bradenton
Lake Mary Preparatory	6-12	125	Lake Mary
Montverde Academy	7-12	300	Montverde
North Broward Preparatory School	6-12	200	Coconut Creek
Saddlebrook Academy	6-12	50	Tampa
Saint Andrew's School	9-12	100	Boca Raton
Windermere Academy	6-12	200	Windermere

Visas de Estudiantes

Visas de Estudiantes de la Universidad

Una vez que un futuro estudiante es admitido en una universidad o universidad y ha demostrado la capacidad de financiar su la educación, la oficina de admisiones les enviará un formulario I-20. Deben tomar la forma I-20, junto con su aceptación carta, pasaporte y copias de las cartas de patrocinio y banco declaraciones para demostrar el apoyo financiero, a los Estados Unidos embajada o consulado más cercano a su casa. No lo harán completar una solicitud preliminar para la visa . Una vez que se han adquirido el sello de visado en su pasaporte, que son listo para entrar en los EE.UU.

Visas de Estudiante Para La Escuela Primaria o Secundaria del Estado/Pública en los EE. UU.

Para la mayoría de los estudiantes cuyo propósito principal de venir a los EE. UU. es la educación, la Visa F1 aplica. Sin embargo, esta visa pone muchas restricciones al acceso de la enseñanza en escuelas del estado/públicas.

- Los estudiantes no pueden conseguir esta visa para estudiar en escuela primaria/pre-primaria, solamente en escuela secundaria/high-school.

- Los estudiantes que asisten a la escuela secundaria

pública con una visa F1 deben reembolsar a la escuela por el costo de la matrícula.

- El estudiante puede asistir solamente por 12 meses con una visa F1.

Esta visa se usa a menudo cuando un niño viene a vivir con un pariente en los EE. UU. para estudiar aquí.

Si los padres del estudiante tienen la visa de No inmigrante correcta o la Tarjeta Verde y están presentes en los EE. UU., sus hijos dependientes puede asistir a la escuela pública/ del estado. Los ejemplos de visas para No inmigrantes que permiten que sus hijos califiquen para la escuela pública/ estatal incluyen:

- Visas para Inversionistas

- Visas de Trabajo

- Visas de Atleta

- Visas de Artista

- Trabajadores Especializados en una Ocupación

- Trasladados entre-compañías

- Trabajadores con habilidades extraordinarias

Visas de Estudiante para Escuelas Privadas

Para que su niño asista a una escuela privada en los EE. UU., usted debe también obtener una Visa F1. En este caso no hay muchas restricciones para obtener la visa. Mientras usted pague por la enseñanza, su hijo(a) puede asistir, sin importar el estado de inmigración o visa de sus padres. Para solicitar la visa, la escuela de su elección le dará una Forma I-20 que demuestra que su hijo está matriculado en la escuela. No todas las escuelas pueden emitir estas Formas I-20, así que usted necesita comprobar que su escuela es elegible.

CÓMO OBTENER CUIDADO MÉDICO EN LA FLORIDA

Obviamente, para maximizar el disfrute de su estancia en la Florida, es mejor permanecer sano. Sin embargo, si usted necesita tener acceso a la asistencia médica, los doctores, las clínicas, y los hospitales son muy accesibles en la Florida. Hay más de 45.000 doctores en el estado. Como con todo, le animamos a que le pregunte a su Realtor® amigos, y vecinos para obtener recomendaciones para el tipo de abastecedor de cuidados que usted necesita.

El cuidado médico en los EE. UU. no es gratuito-sin embargo, no necesita ser costoso. La mayoría de los lugares le pedirán el pago completo o prueba de seguro y cualquier copago a la hora de su visita. (Vea por favor el glosario para una definición de copago). Si usted opta por pagar de su propio bolsillo, usualmente puede utilizar efectivo, una tarjeta de crédito, o un cheque de un banco de los EE. UU. (si usted ya ha abierto una cuenta). Si usted tiene seguro médico, puede necesitar pagar por los servicios (quizás el honorario completo o reducido) a la hora de su visita médica, y más adelante recibirá un reembolso parcial o completo de su compañía de seguros.

CLINICA AMBULATORIA

Además de las oficinas de médicos y de los hospitales, hay una red extensa de clínicas ambulatorias (también conocidas como walk in clinics o de cuidado urgente) a través de la Florida. **Las clínicas ambulatorias están disponibles para tratar lesiones sin riesgo de muerte, enfermedades y accidentes y no requieren una cita. Muchas abren siete días a la semana y por 10-12 horas al día, haciéndolas muy convenientes y accesibles.** Para encontrarlas, solo necesita hacer una búsqueda de internet para «clínicas ambulatorias (inserte su ubicación)» y usualmente tendrá varias opciones. Las clínicas ambulatorias pueden ser una opción muy viable para las necesidades inesperadas de manejo de salud durante su estadía en la Florida y deben tener un precio razonable, especialmente para aquellos que no llenan formularios de seguro y en lugar pagan de una vez ya sea con efectivo, tarjeta de crédito, o cheque.

Muchos visitantes y dueños de propiedades globales tienen muchas opciones para la cobertura de cuidado médico durante sus viajes fuera de su país de origen. La situación y las opciones de cada persona varían según su país de origen, edad, duración de la(s) estancia(s) en la Florida. Para los que vienen de vacaciones por periodos cortos, la mayoría de los seguros para viajeros de su país de origen son adecuados para cubrir su viaje. Estas normas de reembolso por razones de salud pueden ser parte de la póliza de seguro multirriesgo de vivienda, parte de una póliza de seguro de la tarjeta de crédito, y/o parte de un programa patrocinado-por el gobierno del país de su respectivo país de origen.

La gran noticia es que si su país de origen no proporciona la mejor solución para sus necesidades, el seguro médico a corto plazo está disponible a tarifas muy razonables de muchas compañías globales. Muchos de éstos también incluyen un componente de viajes que cubre los costos del transporte y de las acomodaciones de su viaje si usted tiene que cancelar por razones tales como enfermedad. Por ejemplo, una cotización de un sitio web para un ciudadano alemán (de menos de 66 años de edad) que viaja a los EE. UU. con estadía máxima de seis meses es de $125 al mes. Para una pareja de viajeros les costaría $105 al mes por persona. Para una familia de cuatro el costo aproximado es $66 al mes por persona. Esto es para una cobertura muy comprensiva.

Una vez que usted sea dueño de una propiedad en la Florida y planee permanecer por períodos más largos, puede ser preferible investigar específicamente otro tipo de cobertura. Hay abastecedores globales numerosos con una miríada de programas. Parece que las opciones comienzan a disminuir para los visitantes mayores de 70. Si esto se aplica a usted, sería prudente invertir tiempo para considerar detalladamente cuáles opciones tiene disponibles antes de cualquier estancia a largo plazo.

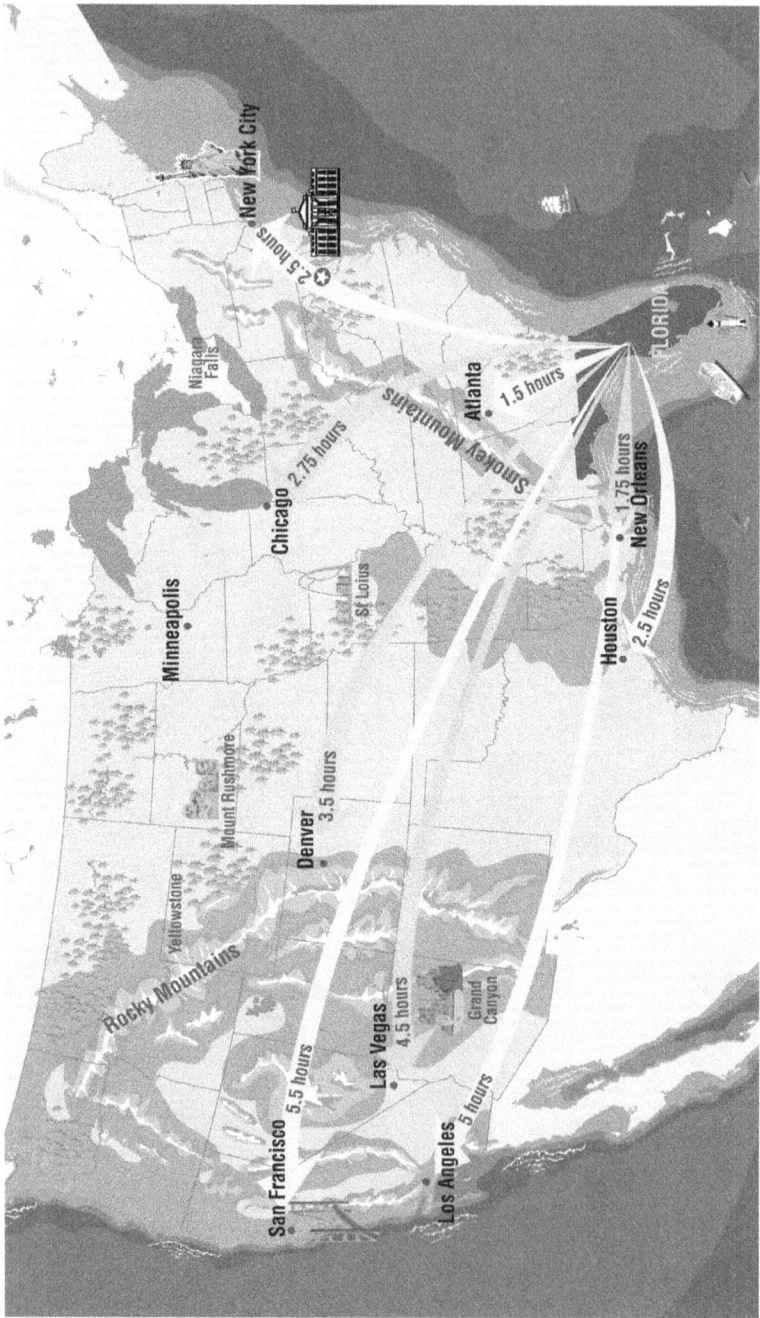

VUELOS A Y DESDE LA FLORIDA

Una de las cosas que nos preguntan al hablar con la gente acerca de la Florida es: « ¿Es fácil llegar?» Con la deseabilidad creciente de la Florida, las líneas aéreas han estado agregando vuelos y destinos continuamente. Es fácil entrar a y salir de los Estados Unidos desde la Florida, y también fácil volar directamente a los centenares de destinos en los EE. UU. a incluir: San Francisco, Chicago, Nueva York, Las Vegas, Los Ángeles y Boston. Tanta gente piensa solo en Miami u Orlando cuando consideran a la Florida por primera vez. Como intentamos ilustrar en el capítulo que destacaba las varias regiones de todo el estado, hay realmente TANTO más que ver y hacer que lo que la mayoría cree inicialmente.

Le traemos esta sección acerca de los aeropuertos internacionales en la Florida, así como de qué rutas internacionales sirven las aerolíneas, para ilustrar las facilidades de vuelo en las distintas regiones de la Florida. La gran noticia es que una vez que usted aterrice en cualquier aeropuerto dado dentro del estado, hay una miríada de destinos maravillosos a una o dos horas de manejo, que usted probablemente todavía tiene que descubrir. Le animaríamos a que mirara todas las posibilidades cuando usted considere visitar o vivir en la Florida.

¡La Florida tiene un total de 15 aeropuertos internacionales! Eso representa MUCHOS vuelos dentro y fuera del país desde el estado del Sol Brillante: ¡en términos de ciudades extranjeras servidas son 133 en total! Hay 24 rutas de vuelos desde ciudades a/de Canadá, 32 rutas a/de Europa, 38 rutas a/de Suramérica, 20 rutas a/de América Central, ocho rutas a/de México, y 71 rutas a/de las Bahamas y el Caribe.

A continuación proporcionamos una lista detallada de las rutas de vuelos internacionales directos a/de aeropuertos de la Florida, a la fecha de publicación de este libro.

EL CANADÁ
Edmonton, Calgary,
Winnipeg, Toronto, London,
Ottawa, Hamilton, Montreal,
Quebec, Moncton,
Halifax, St. John's

EL CARIBE Y LAS BAHAMAS
Marsh Harbour, Nassau, Santo
Domingo, Port of Spain, Aruba,
Kingston, Montego Bay

AMÉRICA CENTRAL
San Salvador,
San Jose, Costa
Rica, Panama City

ORLANDO AEROPUERTO DE/A

MÉXICO
Cancun,
Mexico City

AMÉRICA DEL SUR
Bogota, San
Paulo, Rio de Janiero

EUROPA
Belfast, Dublin,
Cardiff, London,
Birmingham, Frankfurt,
Manchester, Glasgow, Oslo

MÉXICO
Cancun,
Toluca

AMÉRICA CENTRAL
Guatemala City, Guatemala,
Managua, Nicaragua, Panama
City, Panama, San Jose, Costa Rica,
San Pedro Sula, Honduras, San
Salvador, El Salvador

FT. LAUDERDALE
AEROPUERTO DE/A

EL CANADÁ
Montreal, Ottawa,
Quebec, Toronto

AMÉRICA DEL SUR
Armenia, Colombia,
Bogota, Colombia, Cartagena,
Colombia, Medellin,
Colombia, Lima, Peru

EUROPA
Copenhagen,
Denmark, Frankfurt,
Germany, Oslo, Norway,
Stockholm, Sweden

EL CARIBE Y LAS BAHAMAS
Bimini, Bahamas, Cap Haitien, Haiti,
Freeport, Bahamas, George Town, Bahamas,
Govenor'sHarbour, Bahamas, Guantanamo Bay, Cuba,
Kingston, Jamaica, Montego Bay, Jamaica, Marsh
Harbour, Bahamas, Nassau, Bahamas, North Eleuthra,
Bahamas, Oranjestad, Aruba, Port au Prince, Haiti, Port of
Spain, Trinidad, Punta Cana, Dominican Republic, Santa
Domingo, Dominican Republic, Santiago, Dominican
Republic, San Salvador, Bahamas, St. Marrten, St.
Marrten, Treasure Cay, Bahamas

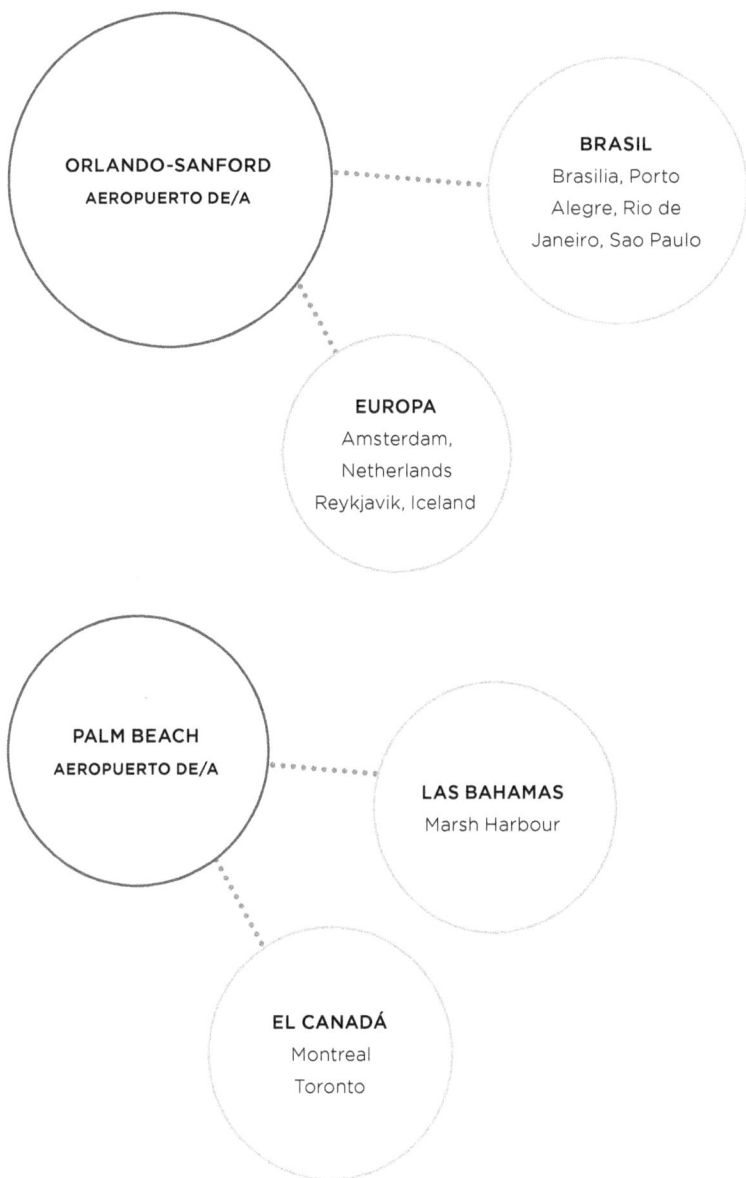

ORLANDO-SANFORD
AEROPUERTO DE/A

BRASIL
Brasilia, Porto
Alegre, Rio de
Janeiro, Sao Paulo

EUROPA
Amsterdam,
Netherlands
Reykjavik, Iceland

PALM BEACH
AEROPUERTO DE/A

LAS BAHAMAS
Marsh Harbour

EL CANADÁ
Montreal
Toronto

MIAMI
AEROPUERTO DE/A

MÉXICO
Cancun, Cozumel, Merida, Mexico City

AMÉRICA CENTRAL
Belize City, Belize, Guatemala City, Guatemala, Liberia, Costa Rica, Managua, Nicaragua, Panama City, Panama, Roatan, Honduras, San Jose, Costa Rica, San Pedro Sula, Honduras, San Salvador, El Salvador, Tegucigalpa, Honduras

EL CARIBE Y LAS BAHAMAS
Antigua, West Indies, Aruba, Netherland Antilles, Barbados, West Indies, Bonaire, Netherland Antilles, Bermuda, Cap Haitien, Haiti, Cayman Brac, West Indies, Curacao, Netherland Antilles, Fort de France, Martinique, Freeport, Bahamas, George Town, Bahamas, Grand Cayman, West Indies, Grenada, Windward Islands, Kingston, Jamaica, La Romana, Dominican Republic, Marsh Harbour, Bahamas, Montego Bay, Jamaica, Nassau, Bahamas, North Eleuthera, Bahamas, Pointe a Pitre, Guadeloupe, Port Au Prince, Haiti, Port of Spain, Trinidad & Tobago, Providenciales, Turks & Caicos, Puerto Plata, Dominican Republic, Punta Cana, Dominican Republic, San Juan, Puerto Rico, Santiago, Dominican Republic, Santo Domingo, Dominican Republic, St. Croix, Virgin Islands, St. Kitts, Leeward Islands, St. Lucia, West Indies, St. Maarten, Netherlands Antilles, St. Thomas, Virgin Islands

MIAMI
AEROPUERTO DE/A

EUROPA

Amsterdam, Netherlands, Barcelona, Spain, Berlin, Germany, Dusseldorf, Germany, Frankfurt, Germany, Lisbon, Portugal, London, England, Madrid, Spain, Milan, Italy, Moscow (Domodedevo), Russia, Moscow (Sheremetyevo), Russia, Paris (Charles de Gaulle), Rome, Italy, Zurich, Switzerland

EL CANADÁ

Calgary,, Montreal, Quebec, Toronto, Ontario

AMÉRICA DEL SUR

Asuncion, Paraguay, Barcelona, Venezuela, Barranquilla, Colombia, Belo Horizonte, Brazil, Bogota, Colombia, Brasilia, Brazil, Buenos Aires, Argentina, Cali, Colombia, Caracas, Venezuela, Cartagena, Colombia, Curitiba, Brazil, Georgetown, Guyana, Guayaquil, Ecuador, La Paz, Bolivia, Lima, Peru, Manaus, Brazil, Maracaibo, Venezuela, Medellin, Colombia, Montevideo, Uruguay, Paramaribo, Surinam, Quito, Ecuador, Recife, Brazil, Rio de Janeiro, Brazil, Salvador, Brazil, Santiago, Chile, Sao Paulo, Brazil

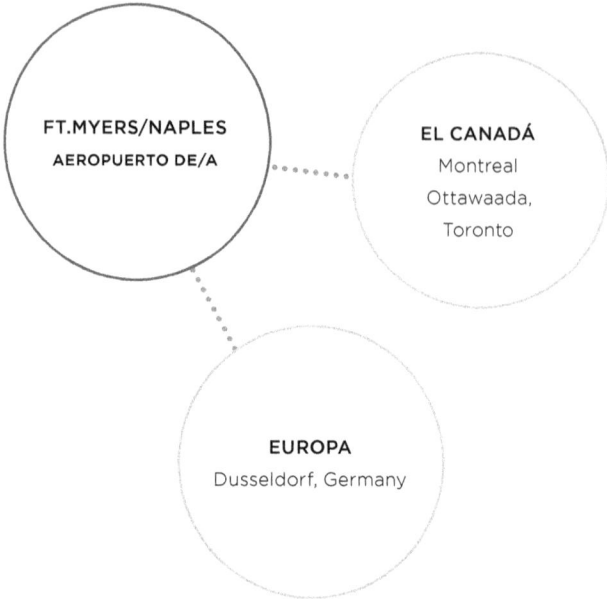

FT.MYERS/NAPLES
AEROPUERTO DE/A

EL CANADÁ
Montreal
Ottawaada,
Toronto

EUROPA
Dusseldorf, Germany

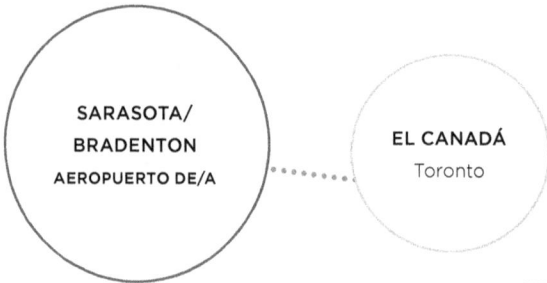

**SARASOTA/
BRADENTON**
AEROPUERTO DE/A

EL CANADÁ
Toronto

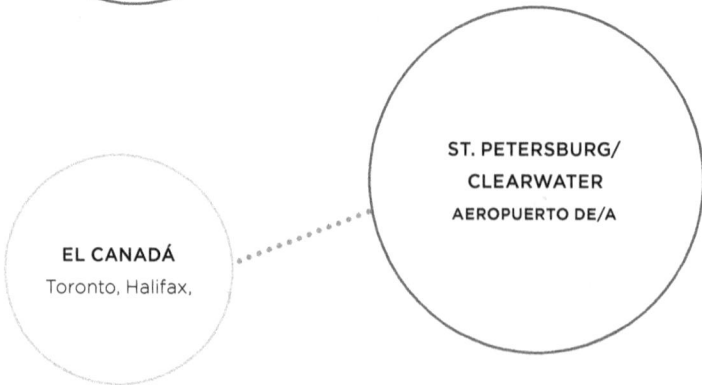

**ST. PETERSBURG/
CLEARWATER**
AEROPUERTO DE/A

EL CANADÁ
Toronto, Halifax,

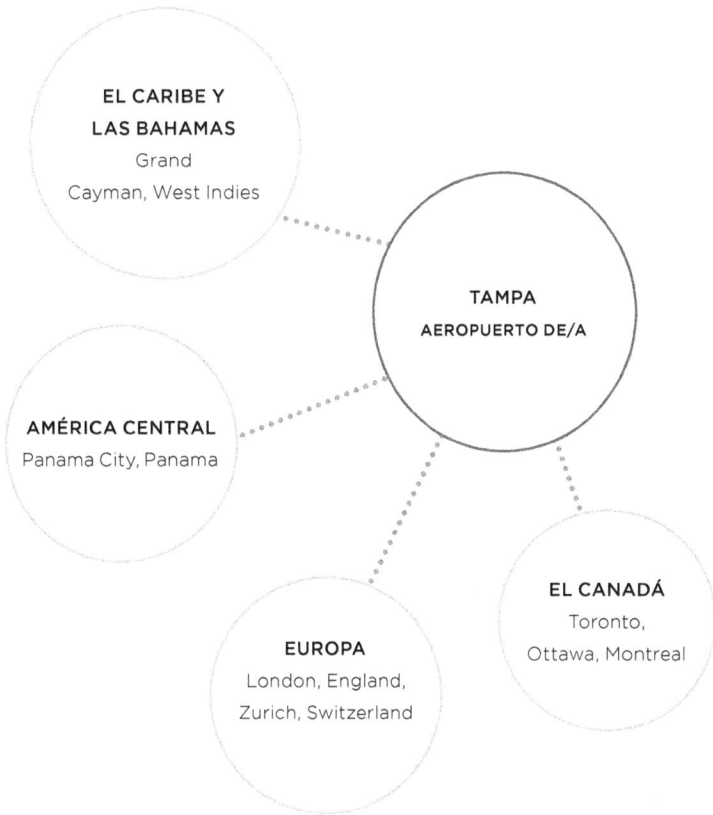

**EL CARIBE Y
LAS BAHAMAS**
Grand
Cayman, West Indies

**TAMPA
AEROPUERTO DE/A**

AMÉRICA CENTRAL
Panama City, Panama

EUROPA
London, England,
Zurich, Switzerland

EL CANADÁ
Toronto,
Ottawa, Montreal

CÓMO CONOCER GENTE DE SU PAÍS DE ORIGEN

Como se ilustra en la sección anterior del transporte aéreo internacional, la Florida es un estado que atrae a una miríada de inmigrantes y de visitantes globales. De hecho, un estudio en las escuelas públicas de la Florida determinó que en los hogares de los niños que asisten a las escuelas de la Florida se hablan más de 200 distintos idiomas maternos. Gente de muchas nacionalidades eligen establecerse aquí y hacer de la Florida su hogar, así que solo queremos hacer mención de la extensa red de extranjeros en toda la Florida. Usted puede encontrar que son recursos maravillosos cuando esté pensando en dónde vivir, establecerse, y comenzar a hacer conexiones. ¡También, cuando usted esté buscando ver un evento deportivo o celebrar un día de fiesta que sea importante en su país de origen, puede muy bien conocer a otros con quienes compartir su tiempo y sus tradiciones! Hay tantos grupos formales (y menos formales) en todo el estado, así que la mejor manera de descubrir es realizar las búsquedas por internet específicas a su ciudad/localidad en Facebook y en el web.

4

CAPÍTULO

MANEJO DE SU VIVIENDA DE LA FLORIDA MIENTRAS ESTÁ EN EL EXTERIOR

DUEÑOS AUSENTES

En la Florida hay un gran número de dueños de viviendas, residentes de los EE. UU. al igual que extranjeros, que utilizan su vivienda solamente de manera estacional, parcialmente o en los días de fiesta. En algunas comunidades, hasta del 30-50 por ciento de los residentes pueden tener estadías parciales o estacionales. Esto significa que es bastante común para la gente simplemente cerrar su puerta con llave e irse por períodos largos de tiempo, sino por la mayor parte del año. Debido a esto, hay también muchos recursos disponibles en caso de que usted quisiera emplear gente o compañías para ayudarle con cualquier cosa-ya sea grande o pequeña-mientras está ausente.

La opción es suya en cuanto a qué tanta ayuda, usted desea tener con respecto al trámite de facturas, del mantenimiento, y huéspedes/inquilinos si esto aplicara. Puede ser que quiera administrarlo todo usted mismo, o emplear a una compañía de manejo de propiedades para que se encargue de todos sus asuntos, y así usted no tenga que levantar ni un dedo. Si usted desea alquilar su hogar cuando no lo está usando, también tendrá una variedad de opciones para ayudarle a manejar ese proceso entero como lo discutimos detalladamente en la siguiente sección.

El Mantenimiento de su Vivienda Mientras Está Ausente

Nos atreveríamos a decir que cuando están listos para irse, muchos de los dueños de propiedades en la Florida simplemente cierran la puerta con llave y se van. Pueden ajustar el termostato y apagar el calentador de agua para conservar energía, así como apagar la línea de agua principal que llega a la casa para asegurarse de que no se presente ningún problema relacionado con el agua, pero eso es lo máximo que se puede hacer.

Discutimos suministros en nuestro capítulo anterior sobre Ser Dueño de una Vivienda en la Florida. Como mencionamos allí, todas estas compañías están establecidas para enviar facturas electrónicamente, así que en este respecto no importa donde usted esté. Si usted quisiera tener otra persona que se encargue de las facturas para que no tenga que ocuparse de ellas, puede entonces establecer una relación con el encargado o el conserje (véase a continuación) y simplemente entregarle todo a ellos.

NOTA DE LOS AUTORES

Desde el punto de vista de nuestra familia, a nosotros nos encanta viajar por períodos extendidos, así que también dejamos nuestra vivienda vacante con frecuencia. Hacemos esto con paz mental ya que el equipo de mantenimiento de nuestro jardín y de la piscina (los dos servicios que trabajan como piloto automático en la Florida) hacen su trabajo con confiabilidad indiscutible. Así que nosotros mismos, como tantos de nuestros clientes, podemos dejar todo atrás sin ninguna preocupación.

Cabe mencionar que una de las cosas de las que muchos de nuestros compradores están acostumbrados a preocuparse cuando dejan sus viviendas vacantes en climas más fríos es la congelación de tuberías. Esto nunca es un problema en la Florida. ¡Precisamente porque no tenemos que lidiar con los desafíos de la nieve y del hielo, es bastante fácil simplemente irse!

Si usted está viviendo en una casa o en un condominio es siempre agradable encontrar a una persona, amigo, o vecino que puede darle un vistazo a su vivienda de vez en cuando para cerciorarse de que no hay nada fuera de lugar.

Si usted está viviendo en un condominio, muchas de estas consideraciones son manejadas fácilmente por la oficina o el personal de mantenimiento. Están acostumbrados a ocuparse de las unidades de sus residentes. Y con el uso extenso de Smartphones, es realmente fácil enviar una foto, o aún un vídeo corto, si algo requiere su atención.

CORREO

En los EE. UU. es posible tener dos direcciones, una su dirección postal- que puede ser un código postal en la oficina de correos donde usted recibe su correo-y dos la dirección actual de su residencia física. Aunque no esté programado para recibir correo oficialmente, (tal como facturas de suministros, cuentas de vendedores, o cuentas de impuestos) a la dirección de su residencia, es muy probable que le lleguen anuncios publicitarios al buzón de correo a la entrada de su vivienda. La manera en que algunos dueños ausentes eligen manejar esto es solicitando que la oficina de correos local retenga su correo, pedirle a alguien que recoja la correspondencia de su buzón de vez en cuando, o quitar el buzón por completo y ningún correo será entregado (esto por lo general no es una opción si usted vive en un condominio). Si usted hace lo último, es importante asegurarse de que ha optado por recibir cualquier factura de suministros, de vendedores/abastecedores de servicio, al igual que de su impuesto inmobiliario anual, por correo electrónico, o a su dirección postal.

SERVICIO DE PISCINA Y JARDÍN

Dado nuestro clima subtropical maravilloso, la hierba y la vegetación en la Florida puede crecer muy rápidamente, especialmente durante los meses de verano. Es bastante común-para ser más claros, es realmente la norma- que los dueños de propiedades, incluso los que residen todo el año, empleen un servicio de jardinería para que vengan durante el año a cortar el césped y a podar el follaje. Aquellos que tienen piscinas emplean a una compañía de servicios para piscinas que viene cada semana a limpiar y a mantener la piscina/el spa. Nos agrada contar a nuestros clientes que quizás no están al corriente de cómo funcionan las cosas aquí en la Florida, que los muchachos del jardín y de la piscina son los abastecedores de servicio más confiables que usted podrá encontrar. Son parte de la fábrica del estilo de vida de la Florida y son tan consistentes en su trabajo como el reloj, siempre que usted tenga uno de buena reputación. (Nota: ¡Pida recomendaciones a su Realtor®!) Y están totalmente acostumbrados a trabajar con dueños ausentes, en algunos casos, nunca ven al dueño de una vivienda, solamente hacen su trabajo y envían la factura.

ADMINISTRADOR DE LA PROPIEDAD

Si usted prefiere, puede optar por emplear a un administrador de propiedades para que se encargue de cualquier cosa en su ausencia. Esto puede ser un individuo o una compañía de administración de propiedades. Pueden ser responsables de cosas tales como cerciorarse de que la vivienda permanezca limpia, asegurarse de que todos los electrodomésticos y sistemas HVAC (calefacción, ventilación y aire acondicionado) que permanezcan en funcionamiento, y tirar de la cadena de los inodoros para mantener la recirculación de aguas. Pueden también hacerse disponibles para dejar entrar a cualquier abastecedor de servicios que necesite entrar en la propiedad. Puede proveerle de tranquilidad tener a alguien disponible y responsable que pueda también proveer informes regulares del estado de la propiedad.

SERVICIO DE CONSERJE

El servicio de conserje es comparable a un ayudante personal. Pueden proporcionar algunos de los mismos servicios que una compañía de administración, por ejemplo, entrar a su vivienda una vez por semana para comprobar que todo esté bien. Pero pueden también ser invitados a ayudarle de cualquier manera imaginable-casi literalmente. Están establecidos de modo que usted les diga lo que necesita y ellos lo hacen. ¿Necesita la despensa llena antes de que lleguen sus huéspedes? ¿Desea ayuda para conseguir un coche cuando viene a la ciudad? ¿Quiere que le consigan boletos para la ópera para sorprender a su pareja con una noche especial en la ciudad? Usted podrá probablemente encontrar a un individuo o a una compañía que proporcione servicios de conserje en su área. Algunos hasta tienen un servicio especial para velar por las viviendas de las personas. Por lo general, cobran por hora.

ALQUILAR SU PROPIEDAD

Una de las oportunidades fantásticas de poseer un hogar o un condominio en cualquiera de los muchos destinos de vacaciones y de invierno en la Florida es la capacidad de alquilar la propiedad cuando usted no la está utilizando. Dependiendo del área en donde se ubica su propiedad y del tipo de propiedad, hay una amplia demanda de alquileres, incluyendo alquileres semanales, mensuales, estacionales, o anuales. Si usted compra correctamente, esto puede ser una inversión gratificante. Un gran ejemplo que tenemos gusto de compartir es el de uno de nuestros clientes de Francia que compró un condominio frente a la playa para que la familia lo utilice dos veces al año, una vez en diciembre y una vez en mayo (para un total de cinco a seis semanas). Su meta era cubrir los costos de la propiedad al igual que el costo de sus vacaciones. Utilizan la oficina de administración y de alquiler del edificio, que maneja todas las reservaciones, la limpieza y el mantenimiento, así como el trámite del impuesto de ventas sobre el alquiler que se debe reportar regularmente. Nuestros clientes se cercioraron de establecer una buena relación con el personal del edificio y adecuaron bien a su condominio para arrendarlo. Ahora, dos años más tarde, su caja de flujo anual es de cuatro al cinco por ciento de su inversión y vacacionan gratuitamente.

Preparar Su Propiedad para el Alquiler

Una guía clave que proporcionamos a clientes que desean alquilar su propiedad es que deben invertir algún tiempo y energía en preparar la propiedad para el alquiler. (Nota: Si su propiedad es estrictamente una inversión para el alquiler durante todo el año, algunos de los comentarios siguientes con respecto a efectos mobiliarios y cómo preparar la propiedad pueden no aplicar, puesto que usted la estará comercializando a una audiencia diferente). Cuando la gente alquila una vivienda de vacaciones, desean, por supuesto, obtener la mayor cantidad para su rango de precios. Esas propiedades que tienen la mejor ubicación y comodidades, efectos mobiliarios más nuevos y modernidades, están limpias, y vienen completamente equipadas, atraen naturalmente a más inquilinos y demandan tarifas de alquiler más altas.

Es importante anticipar las necesidades y las comodidades de los inquilinos, ya sean electrodomésticos y equipos electrónicos, equipo excelente de cocina, o ropa de cama de buena calidad. Invitar a amigos y a familiares a quedarse en la propiedad por una semana es una buena manera de determinar si falta algo. **Vale la pena dedicarle tiempo y dinero a estos detalles, ya que usted quiere que los inquilinos regresen año tras año, y que refieran a amigos y familiares a su propiedad con base a haber tenido una experiencia positiva.**

Además del tener su vivienda totalmente equipada, ayuda que no esté atestada de cosas, que los cuartos estén amueblados y decorados para facilitar el buen acceso, y que el interior esté preparado para una sesión de fotos. También debe prestarse atención al exterior para asegurar que tenga buen «atractivo». Por último, eso puede significar la adición de color en términos de plantas o flores al exterior. Usted puede tener buen gusto para hacer esto por su cuenta, pero hay también millares de personas que usted podría emplear desde diseñadores de paisaje hasta decoradores interiores o a los profesionales en «home staging» para ayudarle en el proceso.

Fotografía

Una fotografía profesional de su vivienda es de suma importancia en la comercialización de su alquiler. En el mundo de hoy los consumidores «compran» todo en línea, y no importa qué tan maravillosa sea la descripción que usted crea, nadie la leerá si no son primero capturados por las fotos. **Cada agente de alquiler que conocemos nos dice que las propiedades con la mejor fotografía siempre tienen las tarifas de habitabilidad más altas y así comandan un precio más alto de alquiler.** Es de suma importancia preparar el interior y el exterior de modo que se «vea» bien para capturar inmediatamente la atención de inquilinos prospectivos. Emplear a un fotógrafo profesional no es muy costoso, quizás alrededor de $100-$250 dependiendo enteramente del tamaño de la propiedad que es fotografiada. Esto incluye la fotografía del panorama, ya sea esto una piscina, un lugar de entretenimiento al aire libre, un frente de agua, playa, lugares que están a una corta distancia a pie, etcétera son todos elementos importantes a incluir para contar la historia de su propiedad y la experiencia que sus inquilinos disfrutarán al permanecer allí.

Administración de su Vivienda de Alquiler

Así como tiene muchas opciones para manejar su propiedad cuando está ausente, hay una miríada de opciones a su disposición en términos de cuánto desea estar implicado en el alquiler su propiedad. El tipo de propiedad que usted posee y la frecuencia del alquiler (semanal, mensual, estacional, anual) también juega un gran papel en dictar lo que conviene más en su caso.

Le sugerimos que considere qué aspectos son de su agrado y emplear a otros para las otras diligencias. Usted puede optar por manejar la

comercialización usted mismo, usando los sitio web de alquileres para vacaciones que son muy conocidos, por ejemplo *www.Homeaway.com* o *www.AirBnB.com*, y después emplear a un agente de alquiler para que lo maneje todo de ahí en adelante. Usted puede elegir manejar todas las comunicaciones con sus inquilinos, tanto como la contabilidad, y llamar a cualquier abastecedor de servicios según sea necesario. Puede tener uno o más individuos en los que confía para que manejen cualquier parte que usted elija. O, si desea estar totalmente ajeno del asunto, puede emplear un agente profesional de alquiler (también designado como agente de arrendamiento). A continuación detallamos el alcance de servicios y valor que un agente de alquiler puede proporcionar. Algunas de estas decisiones pueden dictarse por el tipo de propiedad que usted posee, así que discutamos un poco más los escenarios de los condominios en contraposición a las viviendas unifamiliares

Condominios

Cada asociación de propietarios de condominios tiene una política de alquiler. La mayoría de las veces, la política define el número máximo de épocas del año en que una unidad puede alquilarse, y/o la longitud mínima de tiempo permitida (una semana, un mes, etcétera). Algunas asociaciones de propietarios de condominio van un paso más lejos, y no permiten que el nuevo dueño alquile su propiedad hasta que la haya poseído al menos por un año o más. Todas estas políticas están en pie con base al tipo de experiencia que los dueños desean tener en la propiedad. Por ejemplo, si usted posee un condominio en donde la política de alquiler es de un mínimo de una semana y usted es un residente de tiempo completo, cada semana cuando pase tiempo en la piscina, puede haber un nuevo grupo de visitantes.

Si posee una unidad en un complejo de condominios que está configurada para alquileres a corto plazo y en días de fiesta (generalmente semanalmente), entonces hay generalmente un equipo de manejo en la propiedad. Como describimos en el caso de uno de nuestros clientes franceses, este equipo se encarga de cada detalle de la publicidad, la reservación, la limpieza, del mantenimiento de la unidad,

NOTA DE LOS AUTORES

Usted puede utilizar algunas de las cosas que enumeramos aquí para preguntar/entrevistar a agentes de alquiler prospectivos. Es una gran manera de aprender y de tener una idea de qué tan profesional e informado es ese agente para determinar si quisiera emplearlo.

de contabilizar y de registrar el impuesto sobre ventas de alquiler cargado a los inquilinos a cambio de 15-20 por ciento de la renta. Le aconsejaríamos familiarizarse con este equipo, ya que cuanto mejor sea su relación con ellos, mejor van a representar sus intereses y a cuidar de sus inquilinos.

Si compra en un complejo de condominios que estipule que usted puede solamente tener inquilinos a más largo plazo (es decir, por varios meses) o restricciones en el número de alquileres al año-típicamente tendrán una oficina de gerencia responsable por el cuidado y el manejo de todo el complejo. Esta oficina se encarga de solucionar cualquier problema que se presente con el edificio y los alrededores, etcétera. Pero si usted planea alquilar su propiedad puede necesitar a un agente o una compañía de gerencia de alquiler independientes para que se encarguen de encontrar y de colocar al inquilino, resolviendo cualquier problema con los inquilinos, cobrar el alquiler y reportar los impuestos, etcétera.

Viviendas Unifamiliares

Hay muchos caminos que usted puede tomar cuando alquila su vivienda unifamiliar, comenzando con el plazo de los alquileres, que pueden ser desde semanales hasta anuales. Una vez más si usted elige alquilar por espacios de tiempo más cortos deseará probablemente la ayuda de un agente o de una compañía de gerencia de alquiler. Los alquileres anuales son menos trabajo en el sentido de que no hay tanto movimiento de inquilinos, así que usted puede elegir hace la mayoría de las cosas usted mismo. Sin embargo, todavía debe tener un buen equipo de mantenimiento listo para responder en caso de que su inquilino lo llame con algún problema.

Emplear a un Agente de Alquiler (alias Agente de Arrendamiento)

El agente de alquiler puede ser independiente, trabajar en una compañía de manejo de alquiler (arrendamiento), o ser un Realtor®. La mayor parte del tiempo, son muy flexibles en cuanto a la cantidad de cosas que usted quisiera que ellos manejaran. Como línea de referencia, tienden a ganar del 15-20 por ciento de la renta a cambio de sus servicios. Como con cualquier cosa, encontrar a un agente de alquiler excelente es importante. Pueden ser consejeros fundamentales para usted en el proceso de decidir cómo preparar su propiedad para el alquiler, colocar su alquiler al mercado según el tipo de arrendatarios deseado, planear la comercialización, etcétera. Una vez más su Realtor® tendrá cierta experiencia con los agentes de alquiler en su mercado y podrá probablemente proporcionar recomendaciones.

Los agentes de alquiler tienen como objetivo hacer un buen trabajo para los propietarios, porque mientras más alquileres están manejando mejor será su negocio. Hay mucha competencia para los dólares de los inquilinos, así que usted desea saber cómo su agente de alquiler comercializará su propiedad. Usted desea encontrar a una persona o compañía que responde a los inquilinos también, porque si sus inquilinos tienen la sensación de que están siendo bien cuidados, darán a su propiedad buenas calificaciones, lo referirán a otros, y probablemente regresarán ellos mismos.

Los agentes de alquiler están preparados para manejar una variedad amplia de tareas para sus clientes. Una vez más porque están muy bien informados sobre el mercado de alquiler local, pueden proporcionar información invalorable y recursos, ayudándole a evitar trampas comunes, ahorrar dinero, y maximizar beneficios. También tienen típicamente equipos internos de profesionales de servicio o relaciones de muchos años con abastecedores de servicios locales, lo que les permite cuidar del mantenimiento de una vivienda-ya sea de rutina o emergencia-rápida y eficientemente.

Aquí están algunas de las maneras en que un agente de alquiler puede agregar valor y hacer su vida más fácil como propietario:

FIJAR LOS PRECIOS DE ALQUILER

- Un agente de alquiler con experiencia pondrá a trabajar su conocimiento profundo del mercado local específico para trabajar en fijar el alquiler de su propiedad para maximizar su flujo de liquidez mientras que mantiene un mínimo de periodos libres de inquilinos.

PUBLICAR VACANTES Y MOSTRAR LAS UNIDADES DISPONIBLES PARA EL ALQUILER

- Los agentes de alquiler conocen los mejores lugares para poner anuncios cuando se trata de atraer a inquilinos de primera. Y están disponibles para mostrar su unidad durante horas laborables, por las tardes, y durante los fines de semana.

INVESTIGAR LOS ANTECEDENTES DE LOS INQUILINOS

- Los agentes de alquiler emplean a menudo sistemas sofisticados de calificación que consideran factores múltiples cuando van a seleccionar al inquilino adecuado para su propiedad de alquiler.

PREPARAR EL CONTRATO DE ALQUILER

- Los agentes de alquiler son expertos en la elaboración de contratos claros y detallados, que incluyen políticas importantes de una amplia gama de asuntos.

ADMINISTRACIÓN CONTINUA DE LA PROPIEDAD

- Los agentes de alquiler a menudo continúan administrando la propiedad de una manera comprensiva, una vez que se haya alquilado su unidad. Esto incluye todo desde cobrar el alquiler, manejar las relaciones con los inquilinos, y de manejar el mantenimiento de rutina y de emergencia, hasta encargarse de la contabilidad y de preparar los impuestos anuales.

Seguro para su Propiedad de Alquiler

Incluso con los mejores inquilinos y el mantenimiento preventivo, cosas inesperadas pueden suceder y suceden. Creemos que es importante asegurarse de tener una póliza multirriesgo de seguro en pie que cubra el costo de daños y accidentes. Qué tipo y cuánto seguro es una decisión administrativa de su elección. Todos los dueños de propiedades deben elegir su propia tolerancia de riesgo y los costos asociados a las diversas opciones y valores disponibles.

Porque las compañías de seguros ven a los condominios como activos fácilmente rentables, tiende a ser fácil y relativamente barato construir una póliza de seguro de alquiler. La mayoría de las pólizas de seguro para los condominios hacen fácil agregar un «endoso de alquiler» (el seguro se refiere al «daño causado por el inquilino») por cerca de $100 al año. Esta cobertura puede especificar la longitud permisible de alquiler, es decir, desde el alquiler por la noche hasta los alquileres anuales.

Si tiene una vivienda unifamiliar que usted mismo utilizará y alquilará periódicamente, le recomendamos discutir su situación con su agente de seguros para entender las diversas opciones y costos asociados con cada una. Para viviendas unifamiliares que serán utilizadas exclusivamente como propiedad de inversión (alquiler), la póliza de seguro será elaborada como tal a la hora de compra.

Para que nuestros lectores estén conscientes, queremos compartir estos dos puntos adicionales:

● Los arrendatarios/inquilinos que buscan alquileres de vacaciones a corto plazo probablemente tienen una cobertura de seguro en su vivienda principal que también cubre la propiedad que están utilizando al viajar

● Algunos propietarios de alquileres anuales requieren (en el acuerdo de arrendamiento) que los arrendatarios/inquilinos obtengan una póliza que cubra cualquier daño causado durante el periodo de alquiler, que abarca sus pertenencias (es decir, ropas, dispositivos de tecnología, muebles), y accidentes que pueden ocurrirles a ellos o a otros mientras estén dentro de la propiedad de alquiler.

Suministros de las Propiedades de Arrendamiento

Para propiedades que se alquilan por períodos cortos-por día, semana, mes, o por temporada-el dueño es generalmente responsable de mantener las cuentas en su nombre y de pagar los suministros directamente. El costo promedio de los suministros usualmente se incluye en el precio de alquiler. Estos costos también son usualmente deducidos del ingreso de alquiler del dueño, reduciendo la cantidad de ingreso gravable.

En cuanto a los alquileres a largo plazo, el inquilino lleva las cuentas de los suministros en su propio nombre y las paga generalmente directamente. En la Florida, si el pago no se hace, la responsabilidad permanece con el inquilino responsable de la cuenta. La excepción a esto son los abastecedores de agua/alcantarillado. Estas compañías pueden hacer que un propietario sea responsable de pagar las cuentas de agua no pagadas de una propiedad. Si una cuenta está sin pagar por cierto período de tiempo, el abastecedor, típicamente, cancela el servicio del suministro en la propiedad con objeto de que el balance sin pagar no continúe creciendo.

Impuestos sobre el Ingreso de Alquiler

IMPUESTOS FEDERALES SOBRE EL INGRESO DEVENGADO DEL ALQUILER

Cuando un individuo no residente posee un bien inmobiliario para el alquiler en los EE. UU., hay dos alternativas para reportar y pagar los impuestos americanos sobre el ingreso devengado del alquiler. **La mayoría de los no residentes eligen declarar el ingreso devengado del alquiler en una forma de declaración de impuestos sobre la renta de los EE. UU. llamada la Forma 1040NR.** Deben declarar el ingreso devengado del alquiler; sin embargo, todos los costos asociados con la propiedad son deducibles contra el ingreso devengado del alquiler. Estos costos incluyen impuestos sobre el valor de la propiedad, el seguro, interés de la hipoteca, reparaciones, etcétera. Además, una cantidad calculada para la depreciación también se deduce. Una exención personal de cerca de $3.700 también se permite. Después de tomar todas estas

NOTA DE LOS AUTORES

Como continuamos acentuando a través de nuestro libro, paga consultar a un experto fiscal al inicio de su investigación de factores para que así esté armado de buena información para planear de antemano. Con buen planeamiento y contabilidad adecuada, la mayoría de los compradores globales no terminan debiendo impuestos sobre el ingreso devengado por el alquiler.

deducciones en consideración, la mayoría de los dueños no tiene ningún ingreso gravable.

Si no hay ingreso gravable, entonces no hay impuesto a pagar. Sin embargo, aunque el dueño extranjero de la propiedad no tiene ningún ingreso gravable, ni está teniendo una pérdida, la declaración de impuestos necesita ser efectuada. En un futuro cuando la propiedad devengue un ingreso, el impuesto puede ser compensado trayendo pérdidas de los años anteriores hacia el presente. Además, cualquier gasto en la compra de una vivienda (honorarios de tramitaciones, inspecciones de título de seguro de propiedad, inspecciones de la vivienda, pintura y pisos nuevos) se acumulan y se transfieren a fechas futuras de declaraciones de impuestos anuales, indefinidamente. Si cuando se venda la propiedad aún quedan algunas pérdidas por ser transferidas en declaraciones de impuesto futuras, éstas se pueden usar para compensar la ganancia por la venta.

El individuo puede optar por no hacer una declaración de impuestos en los Estados Unidos para reportar el ingreso por alquiler. En este caso, 30 por ciento del **ingreso bruto** por el alquiler debe ser remitido al Servicio de Rentas Internas. Si un agente de alquiler maneja el alquiler, el agente debe retener y remitir el 30 por ciento cuando cobra el alquiler. Si no hay agente de alquiler implicado, entonces el dueño no residente está obligado a pagar el 30 por ciento al Servicio de Rentas Internas.

Para evitar la retención de un 30 por ciento en el ingreso bruto, el dueño no residente deberá proveer la Forma W 8ECI al agente de alquiler. La Forma W 8ECI informa al agente de alquiler que el dueño está eligiendo tratar la actividad de alquiler como un comercio o negocio en los EE. UU., y obliga al dueño a someter una declaración de impuestos de los EE. UU. sobre el ingreso devengado por la actividad de alquiler. El dueño no residente debe también solicitar y obtener un Número de Identificación del Contribuyente de los EE. UU. (ITIN, por sus siglas en inglés), si no ha obtenido previamente uno o si no tiene número de Seguro Social de los EE. UU. Este número de identificación puede obtenerse con la declaración de la Forma W 7 con el Servicio de Rentas Internas.

IMPUESTO SOBRE LA VENTA DE ALQUILER A CORTO PLAZO

En la Florida hay impuestos sobre las ventas en los alquileres de menos de seis meses. Esto se carga usualmente a los inquilinos, luego es cobrado, declarado, y sometido usualmente por el dueño o el encargado de la propiedad a la entidad de gobierno local. Para los alquileres de más de seis meses no hay impuesto de ventas.

5
CAPÍTULO

VENTA DE SU VIVIENDA

EL PROCESO

Las dos razones principales por las que las personas venden sus propiedades son debido a un acontecimiento importante en sus vidas, o un cambio deseado en su estilo de vida. Los acontecimientos de la vida incluyen la adición de nuevos miembros a la familia, hijos crecidos que se mudan, muerte de un ser amado, unión, divorcio, promoción o pérdida de trabajo, y retiro. Muchas de estas circunstancias hacen que un vendedor necesite cambiar de lugar, a una vivienda más grande, más pequeña, más sencilla, o de alguna manera elaborar la próxima etapa de su vida por medio de un cambio de vivienda.

Lo que también es único a ciertas áreas de la Florida es que incluso dentro de un área geográfica muy pequeña, hay muchas experiencias distintas de estilo de vida disponibles. No es infrecuente que la gente viva en una ubicación por un par de años, y después anhele intentar una experiencia distinta en la misma ciudad. Esto era un concepto totalmente nuevo para Lisa, quien no creció en la Florida pero se mudó aquí enseguida después de que nos casamos. Ella se sorprendía de ver la frecuencia con la que muchas propiedades eran traspasadas aquí en Sarasota. Como es una ciudad turística, se puede optar por vivir en una comunidad de campo de golf, luego mudarse en un condominio frente a la playa, luego vivir en el centro histórico de la ciudad donde puede caminar por todas partes, luego moverse de nuevo al agua donde puede tener su propio muelle para botes. Su mejor estilo de vida de hoy puede ser muy distinto a la experiencia que desea tener en dos, cinco, o diez años.

Cuando elige vender su casa, puede elegir venderla usted mismo o utilizar a un Realtor®. En nuestro capítulo acerca del proceso de compra, discutimos detalladamente lo que los Realtors® traen a la mesa así como cómo entrevistarlos y elegir uno con quien usted se sienta que puede trabajar bien. Toda la guía que proporcionamos en estas secciones anteriores es igualmente relevante cuando está vendiendo su propiedad. Puede que ya tenga una gran relación con un Realtor® por medio de su compra, en este caso puede elegir utilizarlo de nuevo.

Si usted quisiera una recomendación de nuestro equipo para un Realtor® que hemos evaluado personalmente, usted puede utilizar el Programa de Remisión de Realtors® de Inversiones en la Florida que puede encontrar en *www.InvestmentsInFlorida.com*. Este programa es un recurso especial para nuestros lectores, ofreciendo una de las mejores maneras de encontrar un Realtor® en la Florida. Estos individuos han sido personalmente evaluados por nosotros con anterioridad, demuestran la habilidad y la experiencia que exigimos de un agente y son expertos en su región.

¿Qué Papel Desempeñan los Realtors® en la Venta?

Un Realtor® trabaja como la «persona-encargada» de manejar el proceso entero de venta. Le aconsejarán en cómo preparar su propiedad para venderla, fijar el precio, manejar toda la comercialización, las comunicaciones, las preguntas de otros agentes y compradores potenciales, manejar las demostraciones, y aconsejarle sobre la retroalimetación de las demostraciones. Él o ella le guiarán en cómo alcanzar el resultado más favorable a través del proceso, especialmente durante las negociaciones del contrato y con cualquier problema subsecuente que pueda presentarse durante el proceso de la diligencia debida. **Otra ventaja suprema de alistar su propiedad con un Realtor® es que es publicada en el**

SLM. Como hablamos en la sección de compra, cuando su propiedad es incluida en el SLM, el listado es accesible a todos los Realtors® que trabajan su área, así como sindicado a centenares de sitios de internet para consumidores. Puesto que el 90 por ciento de compradores trabajan con un Realtor®, y el 92 por ciento de todos los compradores buscan por Internet durante el proceso de compra de una vivienda, esto es una ventaja importante.

Preparación y Arreglo de su Propiedad para la Venta

La meta subyacente en la preparación de su propiedad es hacer que se venda lo más fácilmente posible. Eso significa facilitar que los compradores se vean a ellos mismos utilizando el espacio. La mayoría de los compradores no están interesados en tener que hacer mejoras a la propiedad, solo desean disfrutar de la vivienda, o alquilarla inmediatamente.

Muchos dueños se acostumbran a las excentricidades de sus viviendas sin realizar que algunos cambios o mejoras simples podrían aumentar drásticamente la comerciabilidad de su propiedad. Es a veces tan simple como dar una mano de pintura fresca, hacer una limpieza profunda, remover muebles en exceso y desorden, hacer reparos menores, o quitar la alfombra para revelar pisos de madera dura. O un Realtor® puede sugerir que se hagan mejoras más grandes-como la renovación de una cocina o de un cuarto de baño-que levante considerablemente el valor de la vivienda.

En muchas situaciones recomendamos a nuestros clientes que consulten a un decorador de escenarios profesional (en inglés, profesional stager) antes de poner su vivienda a la venta. En nuestra opinión, preparar el ambiente de su casa como un escenario es una manera muy estratégica de mejorar el sentido y el atractivo de la propiedad. Hemos visto personalmente una transformación dramática de espacios interiores a través del arreglo escénico. Un decorador de escenarios tiene un buen ojo para utilizar los artefactos, los muebles, los colores, y los accesorios de tal manera que una vivienda se vea más grande, más brillante, más limpia, más cálida, más tierna y, mejor que todo, más atractiva a los compradores de viviendas.

Contrato para Venta con Derecho Exclusivo

Aquí en la Florida cuando un propietario está vendiendo una propiedad, hay un contrato exclusivo, llamado un Contrato para Venta con Derecho Exclusivo de Vender con el cual usted elige trabajar con un agente/intermediario en la venta de su vivienda por un plazo de tiempo definido. La longitud de un contrato exclusivo es típicamente de seis meses a un año.

Como hemos discutido ya, muchos Realtors® trabajan como «agentes de transacciones» por defecto. A menos que sea indicado y convenido específicamente por escrito, no representan al comprador ni al vendedor, pues son responsables de facilitar la transacción. Discutimos extensamente nuestra posición respecto a este asunto anteriormente en este libro y recomendamos que en el acuerdo del listado usted como el vendedor especifique que desea relacionarse únicamente con una agencia. Esto significa que el profesional que usted emplea tiene una responsabilidad fiduciaria hacia usted, no están representando a la transacción, están representando sus necesidades y están trabajando para usted, para conseguir el resultado que usted desea. Vea la sección anterior para más acerca de agentes de transacciones en contraposición a agentes singulares.

La Importancia del Precio

Aunque ponemos mucho pensamiento y energía en cómo preparar, colocar, comercializar cada uno de nuestros listados, decimos a nuestros clientes a que al final, todo vuelve de nuevo al precio. Es importante establecer un precio de listado que genere interés en forma de preguntas y de demostraciones. Hay algunos vecindarios que en el momento en que una nueva propiedad entra en el mercado todos desean verla porque el vecindario está en gran demanda. Sin embargo, los compradores necesitan ver valor en la propiedad y si el precio del listado es mucho mayor que el valor percibido, los compradores potenciales pueden sentirse cohibidos de hacer ofertas.

Un Realtor® con experiencia debe saber todos los matices de un mercado particular para hacer la evaluación más exacta del precio de venta máximo que la propiedad puede alcanzar, sin alienar a compradores por razones prediales. La mayoría tienen como objetivo otorgar un precio a la propiedad que les ayuda a facilitar una venta rápida y sin obstáculos Una vez que se decida el precio, la retroalimentación más verdadera vendrá del mercado. El mercado le dirá con bastante claridad, ya sea por la carencia de visitas, o la carencia de ofertas, o de ofertas bajas, cuán preciso es el precio del listado.

En la Florida es absolutamente raro que una propiedad se venda al precio en que se alista. Algunas propiedades son tasadas a un precio adecuado, lo que significa que están bastante alineadas al valor del mercado, y algunas no. Le corresponde a su Realtor® ayudar a cualquier comprador potencial (generalmente trabajando con su Realtor®) a entender el valor de su propiedad, y a intentar negociar cerca al precio del listado que los datos de mercado sustentan.

CÓMO FIJAR EL PRECIO

El valor de cada propiedad según lo establecido por el tasador de la propiedad para los propósitos del impuesto es un expediente público, significando que está disponible para el conocimiento de cualquier persona. Usted puede tener acceso a esta información en el sitio web municipal. Éste es una fuente que las personas usan como referencia, aunque es típicamente inferior al valor comercial verdadero. Un Estudio de Mercado Competitivo (CMA, por sus siglas en inglés) que usa propiedades similares en un vecindario que se han vendido recientemente es el estimado más relevante de lo que un comprador debe estar dispuesto a pagar por su propiedad. En situaciones donde usted posee un tipo muy único de propiedad de lujo contra la cual es difícil encontrar datos de ventas comparables, puede ser beneficioso emplear a un tasador independiente. (Véase nuestra discusión acerca de los tasadores en la sección anterior, Profesionales que Usted Necesita y Qué Hacen.)

NOTIFICACIÓN DEL VENDEDOR

En la Florida el dueño de una vivienda es responsable por revelar la existencia de cualquier problema o defecto estructural que no sea visible fácilmente o que el comprador desconozca. Esto se refiere como la Notificación del Vendedor. No hay una forma particular obligatoria para comunicar esta información, aunque si usted está trabajando con un Realtor®, ellos tendrán probablemente un formato con el que les guste trabajar. La Asociación de Realtors® de la Florida tiene una forma de Notificación del Vendedor estándar disponible. Proporcionamos una muestra de este documento para usted en nuestro Apéndice.

INSPECCIÓN DE PRE-VENTA

Hay ciertas situaciones en las cuales recomendamos que el vendedor haga una inspección de la vivienda antes de alistar la propiedad. Esto es lo más apropiado cuando el dueño de la propiedad pasa poco tiempo, o ninguno en la propiedad. La ventaja de inspeccionar una vivienda antes de ponerla en venta en el mercado es evitar ser sorprendido por el descubrimiento de defectos no vistos anteriormente. La mayoría de los compradores solicitan una inspección después de hacer una oferta, y los problemas ocultos tales como cimentaciones agrietadas y plomería oxidada podrían arruinar el negocio. Es mejor arreglar esos problemas antes de intentar vender la casa, y esto también optimiza su probabilidad de pedir un precio más alto para su propiedad.

Hay dos maneras de vender una casa: «en la condición en que se encuentra» o «con garantía». En efecto, la anterior está diciendo de frente «comprador, ten cuidado y haz tu tarea». Esto se usa típicamente por los vendedores que no pasan mucho tiempo en la propiedad, o en viviendas más antiguas, si usted prefiere evitar ser obligado a realizar cualquier reparo. Si usted opta por la de «en la condición en que se encuentra», todavía puede elegir hacer reparos o compensar los costos para hacerlos, dependiendo de qué se reporta en el informe de inspección de la vivienda. Una cosa que sabemos es que si un problema es bastante grande para cualquier comprador, esto es algo que lo motivará a arreglarlo de todos modos.

Con la opción de «con garantía», usted es responsable de que todos los sistemas importantes estén funcionando bien. Si usted reside en la vivienda, pendiente del mantenimiento, y si no le preocupa ningún asunto con respecto a la propiedad, éste puede ser el camino a tomar, pues podría potencialmente generar un precio de venta más alto que vendiendo «en la condición en que se encuentra».

NOTA DE LOS AUTORES

Si se trata de una propiedad muy anticuada y/o deteriorada puede haber una oportunidad de que el próximo comprador la destruya para construir una vivienda nueva. Todavía puede tener sentido realizar ciertas mejoras/reparaciones para alcanzar el precio de mercado más alto. Explicamos a nuestros clientes que el comprador dará el valor de «cero» a la estructura si la ve como insalvable y querrá solamente pagar por el valor de la tierra. Sin embargo, si la casa tiene valor redimible, el comprador de propiedades a la derriba tendrá que pagar algo por la estructura aun cuando no la utilizará.

Poner Su Propiedad a la Venta

Así como entramos en detalle en la sección de Fotografía del capítulo anterior, la comercialización de su propiedad comienza con fotografías **profesionales** excelentes. Todos, ya sea otros Realtors® vía el SLM, o consumidores vía una miríada de sitios de internet inmobiliarios, determinarán su nivel de interés mirando primero a las fotografías.

Cuando usted está vendiendo una propiedad en la Florida es importante recordar que la propiedad se está comercializando a dos constituyentes:

CONSUMIDORES

Hay docenas y docenas de sitios de internet que sirven a los consumidores. En nuestra experiencia al trabajar con clientes, así como con nuestros propios listados, encontramos que Realtor.com, Zillow y Trulia son los sitios de más interés para los consumidores. Están constantemente calificados en los primeros tres lugares en las búsquedas del web para cualquier área.

REALTORS®

Más del 90 por ciento de las propiedades son vendidas por Realtors®. Aunque muchos piensan que la comercialización debe centrarse en el consumidor, hacemos el punto que mientras que esto es importante, el enfoque primario debe ser cómo alcanzar a la comunidad de Realtors®. También recuerde que en cuanto a la comercialización de su propiedad, sólo los Realtors® pueden publicar en el SLM, que es donde otros Realtors® van para encontrar propiedades para sus compradores activos.

Optar por Vender Su Vivienda Usted Mismo

Algunos propietarios optan por vender sus viviendas por su cuenta pues quisieran ahorrar el costo de la comisión. Un punto que quisiéramos hacer aquí es que la mayoría de la gente que busca una vivienda está trabajando con un Realtor®, así que no es infrecuente que esas viviendas que son comercializadas como una «Venta por Propietario» declaren que los Realtors® son bienvenidos, lo que implica que si un Realtor® les trajera a un comprador, el vendedor les ofrecerá una comisión. De otra manera, un Realtor® puede no tener un incentivo para mostrar propiedades no incluidas en el SLM donde las comisiones están bien definidas.

Hay muchos recursos disponibles que ofrecen una guía en cómo vender su vivienda usted mismo. Hay también sitios web tales como ***www.forsalebyowner.com*** para publicar su propiedad. Solo esté enterado de que todavía debe mantenerse informado acerca de las pautas estatales y federales ya que todavía necesitará cumplirlas.

IMPLICACIONES FISCALES

Ganancias sobre Capital

El impuesto sobre las ganancias de capital es en efecto el impuesto que usted paga sobre el beneficio realizado en el aprecio de su vivienda desde que usted la compró. El impuesto sobre ganancias de capital se calcula con base al beneficio realizado en la venta de bienes inmobiliarios. El beneficio es el ingreso (precio de venta menos precio de compra) menos los costos. Un contable le guiará en cuanto a qué califica como costos. Le aconsejamos que guarde expedientes correctos de los costos asociados a la compra y venta de su propiedad y de todo lo que esté en medio. Esto puede incluir cosas que no son tan obvias como los costos de transporte para visitar su propiedad. La tasa de impuestos sobre ganancias de capital aplicada a su beneficio dependerá del tipo de título que lleva su propiedad, y de la cantidad de beneficio que usted generará.

Ley de Impuestos Sobre Inversiones de Extranjeros en Bienes Inmuebles (FIRPTA, por sus siglas en inglés.)

En los Estados Unidos, la fuerza impulsora detrás de FIRPTA es asegurar que los inversionistas extranjeros cumplan con sus obligaciones fiscales para con el Servicio de Rentas Internas (IRS, por sus siglas en inglés). **Una de las previsiones de FIRPTA para lograr esto es hacer responsable al COMPRADOR de una propiedad de un VENDEDOR global por cualquier impuesto de ganancias sobre el capital que el vendedor no haya pagado luego de haber realizado un beneficio en la venta.** (Sí, puede necesitar leer esto una segunda vez, no es un error tipográfico.) Puede estar seguro de que, cuando oímos esto por primera vez, lo encontramos no completamente intuitivo. Sugerimos que con la ayuda de un contable profesional esto no necesita ser un proceso incómodo que tramitar. Los profesionales que hacen esta línea de trabajo a diario ven los requisitos/ responsabilidades como muy directas. Y como recordatorio, los honorarios para este trabajo tienden a ser pequeños puesto que los profesionales que facilitan el proceso lo consideran rutinario.

El curso de acción estándar es que el comprador retenga diez por ciento del dinero que el vendedor está supuesto a recibir, y lo envíe al IRS en el plazo de 20 días a la fecha del cierre de la compra. El IRS tiene una lista de excepciones que alivian al comprador de esta responsabilidad.

Dos de las excepciones básicas que liberan al comprador de retener el diez por ciento en su totalidad son:

1. Certificado de retención que excusa la retención. El IRS está obligado a responder a las peticiones de los certificados de retención en el plazo de 90 días del recibo de las mismas. Son sometidos por el vendedor al IRS.

2. Si el precio transaccional de la propiedad es $300.000 o menos, y el comprador y/o su familia se preponen utilizarla como residencia o para propósitos personales por lo menos el 50 por ciento del tiempo, por dos años después de la compra.

Fuente: *www.irs.gov/Individuals/International-Taxpayers/Exceptions-from-FIRPTA-Withholding*

Si está leyendo esto desde la perspectiva de un vendedor global, le animamos (y a sus consejeros) a que se cercioren de que usted le proporcione al comprador de información clara en relación con FIRPTA. Si su objetivo es que no se retenga el diez por ciento, debe darles tiempo adecuado para que hagan su diligencia debida y que queden confiados de que el IRS no los va a perseguir (al comprador) por obligaciones no recaudadas/sin pagar que usted (el vendedor) debe al IRS.

Solicitar el Certificado de Retención Antes de la Venta

Toma generalmente 90 días para que el IRS emita el certificado, que indica la cantidad que se retendrá como cero. Así que si ésta es la ruta que usted escoge, cerciórese de permitir tiempo suficiente para que el certificado sea expedido, tiempo de antelación, ya que el 10 por ciento todavía será debido 20 días después del cierre.

Si el intervalo de tiempo crea un problema y el cierre tiene que ser conducido antes de que se emita el certificado, entonces el diez por ciento puede ser deducido de la venta, y depositado en plica por el agente de formalización hasta que se emita el certificado.

Declaraciones de Impuestos y Reembolsos

Independientemente de si el diez por ciento fue retenido o no, y de si usted debe el dinero o no, el IRS requiere que haga una declaración de impuestos. Si a usted se le debe un reembolso, tenga en cuenta que el IRS comienza a procesar declaraciones de impuestos y reembolsos al principio del año calendario próximo.

Intercambio con Impuestos Diferidos Conforme a la Sección 1031 del IRC (Código de Rentas Internas, en inglés)

Un intercambio conforme a la Sección 1031 es un mecanismo para que los inversionistas de bienes inmobiliarios retrasen (o difieran) impuestos sobre el beneficio que realizaron sobre la venta de su inversión inmobiliaria. Este mecanismo está disponible a todos los dueños/vendedores de bienes inmobiliarios en los EE. UU. Los vendedores globales tienen algunos pasos adicionales a seguir debido al reglamento de FIRPTA. Como escribimos anteriormente, para asegurarse de que un vendedor no pase por alto su obligación de pagar sus impuestos de los EE. UU. el IRS estableció FIRPTA en los años 80.

A LOS VENDEDORES QUE QUIEREN POSTERGAR LA GANANCIA, SE LES EXIGE:

1. Poner los ingresos de la venta en una cuenta de plica de un intermediario cualificado.

2. Identificar hasta tres propiedades para la inversión dentro de 45 días calendarios de la venta de la inversión anterior.

3. El inversionista debe cerrar la compra de una de esas tres propiedades dentro de los 180 días calendarios de la venta de la inversión anterior.

Genéricamente, éstos son los pasos básicos para todos los inversionistas. Hay también un honorario para el Intercambio 1031. El inversionista global también tendrá que conformarse con los requisitos de FIRPTA además de los requisitos generales para inversionistas.

En nuestra experiencia, los intercambios 1031 se facilitan sencillamente. Hay algunas reglas a seguir explícitamente, y algunas casillas a marcar.

Cuando está contemplando la venta de su propiedad de inversión, trabaje con su contable y Realtor® para determinar si en su situación tiene sentido hacer un intercambio 1031, o si sería mejor pagar simplemente los impuestos sobre el beneficio. Una vez que usted calcule cada panorama financiero y considere sus objetivos personales, estará generalmente bastante claro en cuál es la mejor opción para su situación personal.

PUNTOS FINALES ACERCA DE LOS PROS DEL IMPUESTO SOBRE GANANCIAS DE CAPITAL PARA LOS RESIDENTES

En los EE. UU., una pareja de casados puede ganar $500.000 en la venta de su residencia **primaria** exenta de impuestos. Si usted es soltero este número es $250.000. Una forma de realizar una ganancia exenta de impuestos es hacer que su residencia de los EE. UU. sea su residencia principal. Obviamente, si éste es el caso usted debe tener una visa de residencia adecuada. Si usted reside en su casa por 183 días al año, o por dos años de un período de cinco años, y ha poseído la propiedad al menos dos años, entonces cada dueño residente tiene derecho a tener $250.000 en ganancias exentas de impuestos. Por ejemplo: si usted compró una vivienda por $500.000 como pareja de esposos, y dos años más tarde la venden por $1 millón, entonces la ganancia de $500.000 se puede dividir entre los dos esposos residentes como ingreso, y no habrá impuesto sobre esa ganancia.

SABER SU ESTADO DE RESIDENCIA PARA EFECTOS FISCALES, LA REGLA DE LOS 183 DÍAS

Usted puede ser gravado para propósitos del impuesto sobre la renta de los EE. UU. como No residente. Los residentes están requeridos a declarar su ingreso mundial a las autoridades fiscales de los EE. UU. Los No residentes solamente están requeridos a declarar el ingreso devengado de recursos estadounidenses. Hay varias maneras en las que usted puede ser tratado como residente de los EE. UU.

para propósitos del impuesto sobre la renta. Los ciudadanos americanos son siempre residentes en cuanto al impuesto sobre la renta, sin importar dónde vivan. En la mayoría de los casos, un individuo que obtiene una Tarjeta Verde (que permite al portador residir permanentemente en los EE. UU.) será gravado como residente.

Aunque usted no sea ciudadano americano, usted podría ser determinado como un residente contribuyente de impuestos sobre la renta en los EE. UU. simplemente por el número de días en los cuales usted está físicamente presente en los EE. UU. durante el año calendario actual, o una combinación de días durante los últimos tres años. Si usted está físicamente presente en los EE. UU. por 183 días o más en un año calendario, es tratado como residente contribuyente de impuestos sobre la renta en los EE. UU.

EPÍLOGO

Al concluir nuestro viaje que le conduce a través del proceso de compra de una propiedad en la Florida, deseamos dejarle con tres puntos principales. En primer lugar que las propiedades inmobiliarias de la Florida son una inversión segura, protegida y sensata. En segundo lugar, que es fácil, comprar, vender y disfrutar de su propiedad aquí. Y en tercer lugar, que usted no lamentará por un segundo las mejoras en su estilo de vida que le brinda poseer una vivienda en la Florida. Pero si hay una cosa que esperamos que usted se lleve de este libro, es que *la oportunidad de vivir y de jugar en la Florida es una posibilidad muy verdadera y dentro del alcance de mucha gente.*

Esperamos que ahora estén equipados del conocimiento y de las herramientas que necesitan para comenzar su viaje con confianza. Para nosotros, vivimos el estilo de vida en la Florida a diario y verdaderamente gozamos al presenciar la alegría de nuestros clientes al verlos establecerse en lo que buscan aquí. No vacile por favor de contactarnos para aprender más acerca de las oportunidades en todo el estado y de cómo podemos ayudarle a alcanzar su sueño.

Abundancia de Sol Brillante, Lisa y Lee

● Para acceder gratuitamente al **Programa de Remisión de Realtors® de Inversiones en la Florida** para nuestros lectores, visite a *www.InvestmentsInFlorida.com.*

● Para comenzar a ver propiedades de la Florida, o apuntarse para recibir nuestro boletín de noticias gratuito que ofrece un contenido valioso, consejos, y noticias actualizadas del mercado, visite a *www.InvestmentsInFlorida.com.*

● Si usted quisiera compartir su historia acerca de su compra/inversión en bienes inmobiliarios de la Florida nos encantaría oír de usted. ¡Podemos incluso incluirlo en nuestra próxima edición! Usted puede enviarla a: *sunshine@InvestmentsInFlorida.com.*

- Si tiene algún comentario sobre el contenido del libro, o sugerencias de material adicional que usted piensa sería beneficioso a otros compradores globales escríbanos a *feedback@InvestmentsInFlorida.com.*

- Si disfrutó de nuestro libro, le estaríamos enormemente agradecidos que haga sus comentarios en Amazon.

Nuestros Valores y Actitudes

Juntos, Lee y Lisa fundaron su sociedad filantrópica Global Social Housing. Con esta empresa sin fines de lucro, una asociación pionera con el Cuerpo de Paz, tienen por objetivo resolver parte de la necesidad extensa de viviendas a nivel global, con el desarrollo Integral de Comunidades Sostenibles. La O.N.U ha identificado a los barrios de viviendas insalubres como el asunto que define este siglo y al romper el ciclo de la pobreza en su punto crítico este programa transforma vidas y a comunidades.

Favor de visitar a *www.globalsocialhousing.org* para aprender cómo puede involucrarse en esta jornada.

6

CAPÍTULO

APÉNDICES

RESUMEN

En nuestros apéndices nos esforzamos en proporcionarle información suplementaria que puede ser de su ayuda cuando elija una ubicación para invertir en una vivienda y en un estilo de vida en la Florida, junto con un glosario de términos inmobiliarios para su referencia. También le proveemos de ejemplos de los documentos más comunes que usted probablemente encontrará en el proceso. Aunque éstos son solamente ejemplos parciales, la intención es familiarizarlo con los tipos de documentos que usted pueda encontrar en una transacción inmobiliaria de la Florida.

1. Población de Ciudades de la Florida

POBLACIÓN ESTIMADA DEL 2012* PARA LAS 20 ÁREAS METROPOLITANAS MÁS GRANDES EN LA FLORIDA

1	Miami-Fort Lauderdale-West Palm Beach, FL	5,762,717
2	Tampa-St.Petersburg-Clearwater, FL	2,842,878
3	Orlando-Kissimmee-Sanford	2,223,674
4	Jacksonville, FL	1,377,850
5	North Port-Sarasota-Bradenton, FL	720,042
6	Cape Coral-Ft Myers, FL	645,293
7	Lakeland-Winter Haven, FL	616,158
8	Deltona-Daytona Beach-Ormond Beach	595,309
9	Palm Bay-Melbourne-Titusville, FL	547,307
10	Pensacola-Ferry Pass-Brent, FL	461,227
11	Port St. Lucie, FL	432,683
12	Tallahassee, FL	375,371
13	Ocala, FL	335,125
14	Naples-Immokalee-Marco Island, FL	332,427
15	Gainesville, FL	268,232
16	Crestview-Fort Walton Beach-Destin, FL	247,665
17	Panama City, FL	187,621
18	Punta Gorda, FL	162,449
19	Sebastian-Vero Beach, FL	140,567
20	Homosassa Springs, FL	139,360

* Según lo estimado por la Oficina del Censo de los Estados Unidos (del inglés United States Census Bureau)

2. Aeropuertos Internacionales

1. Aeropuerto Internacional de Miami

2. Aeropuerto Internacional de Orlando.

3. Aeropuerto Internacional de Fort Lauderdale-Hollywood

4. Aeropuerto Internacional de Tampa

5. Aeropuerto Internacional del Florida Suroeste

6. Aeropuerto Internacional de Palm Beach

7. Aeropuerto Internacional de Jacksonville

8. Aeropuerto Internacional de Pensacola

9. Aeropuerto Internacional de Sarasota Bradenton

10. Aeropuerto Internacional de Orlando Sanford

11. Aeropuerto Internacional de St. Petersburg-Clearwater

12. Aeropuerto Internacional de las Playas del Noroeste de la Florida

13. Aeropuerto Internacional de Key West

14. Aeropuerto Internacional de Daytona Beach

15. Aeropuerto Internacional de Melbourne

3. Terminología Inmobiliaria de Uso Frecuente

Abogado

Licenciado por el Tribunal Supremo para ejercer derecho judicial en el estado de la Florida. Los abogados pueden ser consultados para representarlo y a sus intereses, y para revisar documentos como un vendedor o comprador de propiedad en la Florida.

Agente de Seguros

Un agente de seguros le ayuda a elegir y a comprar pólizas de seguro tales como seguro de inundación, seguro multirriesgo de vivienda, y seguro de arrendatario. Pueden elegir típicamente entre muchas opciones para encontrar el seguro adecuado para sus necesidades.

Agrimensor

En la Florida son profesionales regulados por la Junta de Agrimensores y Cartógrafos Profesionales (en inglés, Board of Professional Surveyors and Mappers). Crean un mapa de la propiedad para localizar esquinas, límites, y distancias de edificios al borde de la propiedad con el fin de determinar si los límites que rigen la entrada a la propiedad sin autorización y la distancia a la carretera están en cumplimiento con los códigos de construcción del vecindario. La entidad de crédito requerirá una medición que sea consistente con la configuración actual de la propiedad.

Amortización

El proceso por el cual las hipotecas son liquidadas-con una proporción de cada pago acreditada hacia el principal y el interés. Al comienzo, un porcentaje más grande es pagado hacia el interés que al principal. Los prestatarios pueden pagar más a menudo o aumentar el valor de sus pagos para reducir la deuda del interés sobre el plazo de la hipoteca.

Atractivo del Exterior de la Propiedad	Qué tan atractiva se ve una vivienda desde la calle. Una propiedad de gran atractivo exterior tendrá un entorno bien conservado y un paisaje de jardín atractivo.
Contraoferta	Si su oferta original al vendedor no se acepta, el vendedor puede hacer una contraoferta. Una contraoferta cambia generalmente algo de su oferta original, tal como el precio o la fecha de formalización.
Co-pago	Usualmente en el seguro médico, cuando el asegurado paga una cantidad especificada de los costos de los servicios, tales como visitas al médico, prescripciones etcétera.
Costos de Formalización	Los costos que usted paga además del precio de una propiedad el día que el título de la propiedad se transfiere oficialmente del propietario anterior a su nombre. Lo que incluye: honorarios legales, desembolsos, y honorarios de la transferencia. Se extienden generalmente del 1,5 por ciento al 3 por ciento del precio de compra de la vivienda.
Costos de Operación	Estos son los costos mensuales de mantener una vivienda. Esto incluye seguro multirriesgo de vivienda, impuestos sobre el bien inmueble, mantenimiento, reparaciones y suministros.
Defecto	Fallo de seguir los términos de un acuerdo de hipoteca y de hacer pagos puntuales. Si usted falla en hacer los pagos, su entidad de crédito puede iniciar una demanda legal para tomar posesión de su vivienda.
Delincuencia	Fallo en hacer pagos de hipoteca puntualmente.

Depósito	Dinero colocado en una cuenta de plica por un comprador cuando hacen una oferta para comprar una propiedad. El depósito es llevado a cabo típicamente por el abogado del comprador, el agente inmobiliario, o el agente de formalización hasta que la venta se finalice.
Depósito Inicial	La porción del precio de una propiedad que no es financiada por la hipoteca, que debe ser pagada de sus propios ahorros, de fondos financiados o de otras fuentes. Este dinero más la cantidad de la hipoteca componen el precio de compra de la vivienda.
Ejecución de Hipoteca	El proceso por el cual la entidad de crédito toma posesión de su vivienda si usted no puede continuar los pagos (defecto) de una hipoteca. La entidad de crédito vende la vivienda para recuperar la deuda hipotecaria que usted no pudo pagar.
Entidad de Crédito/ Agente Hipotecario	Las entidades de crédito le prestan dinero (hipotecas) para ayudarle a financiar la compra de su vivienda. Las entidades de crédito pueden incluir bancos, cooperativas de crédito, empresas fiduciarias, fondos de jubilación, empresas financieras, y compañías de seguro. Un agente hipotecario trabaja con una variedad de entidades de crédito para conseguirle una hipoteca que llene todos sus requisitos.
Entidad de Crédito Aprobada	Una institución de préstamos tal como un banco que es autorizado por el gobierno a hacer préstamos a los consumidores.

Fecha de la Formalización	La fecha en la que la venta de la propiedad se finaliza y el nuevo dueño toma la titularidad de la vivienda. El día de la formalización pertenece al comprador. Todos los costos (suministros, impuestos, etcétera.) son la responsabilidad del comprador comenzando el día de la formalización o cierre.
Fecha de Vencimiento	El último día del término de la hipoteca. Para esta fecha el préstamo de hipoteca debe ser renovado o el balance pagado en su totalidad.
Garantía de Vivienda Nueva	Garantiza que cualquier defecto en su vivienda nueva será reparado.
Hipoteca	Un acuerdo entre un prestatario y una entidad de crédito de prestar una cantidad de dinero por un plazo específico a un precio fijado (interés), utilizando una propiedad como garantía o colateral para el préstamo.
Hipoteca Convencional	Una hipoteca hasta por el 80% del valor de la propiedad. Usualmente este tipo de hipoteca no requiere de seguro.
Hipoteca de Alto-Cociente	Una hipoteca por más del 80 por ciento del valor de la propiedad. Estos tipos de hipotecas requieren generalmente un seguro de préstamo de hipoteca.
Impuestos sobre Bienes Inmuebles	Los impuestos cobrados por el municipio con base al valor de la propiedad que determina el tasador municipal.
Informe de Crédito	El informe que detalla su historial de crédito, que la entidad de crédito utiliza para decidir su capacidad crediticia para una hipoteca.

Inspector de Viviendas

Un inspector de viviendas tiene una licencia y es supervisado por el Departamento de Regulación de Negocios y de Profesionales (DBPR), para determinar si hay cualquier cosa malograda, que necesita ser reemplazada o no está segura. Pueden también poder determinar si ha habido algunos problemas en el pasado.

Interés

El costo de tomar dinero prestado. Un porcentaje del interés se paga usualmente a la entidad de crédito, junto con el reembolso de la cantidad principal prestada.

Municipio

Una ciudad, pueblo o distrito que existen como estructura corporativa, y generalmente su propio gobierno.

Oferta

Una oferta escrita que precisa los términos bajo los cuales un comprador acuerda comprar una vivienda. Una vez que una oferta es aceptada por un vendedor, se convierte en un contrato legalmente vinculado.

Pago de Hipoteca

Un pago regular que incluye a menudo pagos de del principal tanto como del interés. También se combina usualmente con un pago mensual de la contribución impositiva y de la prima del seguro multirriesgo de vivienda.

Pago de una Suma Global por Adelantado	Esto es un pago adicional que reduce el principal restante de su hipoteca, a veces con una penalización por pronto pago, a veces sin ninguna. Los pagos de suma global pueden ayudarle a pagar su hipoteca más rápidamente, así como ahorrarle costos de interés.
Plazo de Tiempo	El plazo de tiempo en que una hipoteca es válida bajo las condiciones convenidas, tales como el tipo de interés.
Principal	La cantidad que usted pide prestada en un acuerdo de préstamo.
Realtor®	Un Realtor® es un agente inmobiliario licenciado que se adhiere a un estándar estricto de práctica y ética y que es un miembro de su asociación de Realtors® local, estatal y nacional. La membresía de las asociaciones de Realtors® proporciona oportunidades educativas, recursos, y acceso a las bases de datos SLM para ayudar a compradores y vendedores en sus mercados de bienes inmobiliarios locales.
Seguro de Hipoteca	Seguro que protege a su entidad de crédito en caso de usted falle en pagar la hipoteca. Si su hipoteca supera el 80 por ciento del valor de su propiedad, su entidad de crédito requerirá probablemente un seguro de préstamo de hipoteca.
Seguro de Vida del Portador de una Hipoteca	Seguro que paga su hipoteca si usted muere, protegiendo a su familia.

Seguro Multirriesgo de Vivienda	Este seguro le protege en caso de que su vivienda o edificio sea destruido o dañado por incendio u otros peligros que son cubiertos por la póliza.
SLM - Servicio de Listado Múltiple	Una base de datos privada que enumera las propiedades para el alquiler y la venta. El SLM permite que los Realtors® compartan la información sobre todas las propiedades que están a la venta en un área dada, así que pueden cooperar en la compra y venta de dichas propiedades. También proporciona una estructura formal en lo que respecta a la comisión compartida entre todos los interesados. La base de datos SLM es sindicada a muchas compañías, y después puede ser accedida fácilmente por el público a través de sitios web.
Tasación	Una evaluación del valor de una propiedad para propósitos impositivos.
Tasador	Un profesional certificado y licenciado en el estado de la Florida por el Departamento de Regulación de Negocios y Profesionales (DBPR, por sus siglas en inglés)
Título	El documento legal firmado por el vendedor, dos testigos, y notariado para transferir el título de la propiedad.
Valor Neto	Su valor financiero, que es calculado restando sus obligaciones totales (todo lo que se debe) de sus activos totales (todo lo que posee).

4. Contrato Residencial de Compra y Venta

El siguiente es un ejemplo del Contrato de Compra y Venta de la Asociación de Realtors® de la Florida (FAR). Estas formas son creadas por FAR para establecer las responsabilidades de los compradores, vendedores y Realtors®, y sólo están disponibles a los Realtors®. Compartimos este extracto como cortesía para informar a nuestros lectores, y si usted desea ver la forma en su totalidad, puede contactar a un Realtor® de la Florida.

49 to close. Once **Buyer** provides the Commitment to **Seller**, the financing contingency is waived and **Seller** will
50 be entitled to retain the deposit(s) if the transaction does not close by the Closing Date unless (i) the Property
51 appraises below the purchase price and either the parties cannot agree on a new purchase price or **Buyer**
52 elects not to proceed, or (ii) the property related conditions of the Commitment have not been met (except
53 when such conditions are waived by other provisions of this Contract), or (iii) the loan is not funded due to
54 financial failure of **Buyer's** lender, or (iv) another provision of this Contract provides for cancellation.

55 **4. Closing Date; Occupancy:** Unless the Closing Date is specifically extended by **Seller** and **Buyer** or by any other
56 provision in this Contract, the Closing Date will prevail over all other time periods including, but not limited to,
57* financing and inspection periods. Closing of this Contract (the "Closing") will occur on _____
58 ("Closing Date") at the time established by the Closing Agent, by which time **Seller** will (i) have removed all
59 personal items and trash from the Property and swept the Property clean and (ii) deliver the deed, occupancy,
60 and possession, along with all keys, garage door openers, and access codes to **Buyer**. If on Closing Date
61 insurance underwriting is suspended, **Buyer** may postpone Closing for up to 5 days after the insurance
62 suspension is lifted. If on Closing Date funding from **Buyer's** lender(s) is not available due to Truth In Lending Act
63 (TILA) notice requirements, **Buyer** may postpone Closing for up to 5 days if necessary to satisfy TILA notice
64 requirements. If this transaction does not close for any reason, **Buyer** will immediately return all **Seller** provided
65 title evidence, surveys, association documents, and other items, failing which **Buyer** authorizes Closing Agent to
66* reimburse **Seller** $_____ ($100 if left blank) from the deposit(s) for the cost of the documents.

67 **5. Closing Procedure; Costs:** Closing will take place in the county where the Property is located and may be
68 conducted by mail or electronic means. If title insurance insures **Buyer** for title defects arising between the title
69 binder effective date and recording of **Buyer's** deed, Closing Agent will disburse at Closing the net sale proceeds
70 to **Seller** and brokerage fees to Broker as per Paragraph 19. In addition to other expenses provided in this
71 Contract, **Seller** and **Buyer** will pay the costs indicated below.
72 (a) **Seller Costs:**
73   Taxes and surtaxes on the deed
74   Recording fees for documents needed to cure title
75*   Repairs and Permits: **Seller** will pay up to $_____ or _____% (1.5% if left blank) of the purchase
76*   price for repairs to warranted items ("Repair Limit"); and up to $_____ or _____% (1.5% if left
77   blank) of the purchase price for wood-destroying organism treatment and repairs ("WDO Repair Limit"); and
78*   up to $_____ or _____% (1.5% if left blank) of the purchase price for costs associated with closing
79   out open permits and obtaining required permits for unpermitted existing improvements ("Permit Limit").
80*   Other: _____
81 (b) **Buyer Costs:**
82   Taxes and recording fees on notes and mortgages
83   Recording fees on the deed and financing statements
84   Loan expenses
85   Lender's title policy
86   Inspections
87   Survey
88   Flood insurance, homeowner's insurance, hazard insurance
89*   Other: _____
90 (c) **Title Evidence and Insurance:** If **Seller** has an owner's title policy covering the Property, **Seller** will provide
91   a copy to **Buyer** and title agent within 5 days after Effective Date.
92   **Check (1) or (2)**
93*   (1) ☐ The title evidence will be a Paragraph 10(a)(1) owner's title insurance commitment. ☐**Seller** will select
94   the title agent and Closing Agent and will pay for the owner's title policy; title search, including tax and lien
95*   search; and all other fees charged by title agent and Closing Agent or ☐ **Buyer** will select the title agent
96   and Closing Agent and pay for the owner's title policy; title search, including tax and lien search; and all
97*   other fees charged by title agent and Closing Agent or ☐ **Buyer** will select the title agent and Closing
98   Agent, and **Seller** will pay for the owner's title policy; title search, including tax and lien search; and all
99   other fees charged by title agent and Closing Agent.
100*   (2) ☐ **Seller** will provide an abstract as specified in Paragraph 10(a)(2) as title evidence. ☐ **Seller** ☐ **Buyer**
101   will pay for the owner's title policy and select the title agent and Closing Agent. **Seller** will pay fees for title
102   searches, including tax and lien searches, before Closing, and **Buyer** will pay fees for title searches,
103   including tax and lien searches, after Closing (if any) and all other fees charged by title agent and Closing
104   Agent.
105 (d) **Prorations:** The following items will be made current (if applicable) and prorated as of the day before Closing:
106   real estate taxes (including special benefit tax assessments imposed by a community development district

Buyer (_____) (_____) and Seller (_____) (_____) acknowledge receipt of a copy of this page, which is Page 2 of 9.
CRSP-13   Rev 3/13   ©2013 Florida Association of REALTORS®
Serial#:

Este no es un contrato oficial de la Asociación de Realtors®
de la Florida (FAR, por sus siglas en inglés). Esta traducción
del Contrato de Compra y Venta es proporcionada por
FAR como servicio a la comunidad hispanohablante. Este
documento se provee con fines informativos.

Contrato de Compraventa Residencial

FloridaRealtors
The Voice for Real Estate™ in Florida

1. COMPRA Y VENTA: Entre _____(el "Vendedor") y
_____(el "Comprador")
(las "partes") se conviene en celebrar el presente contrato de compra y venta, que se regirá por los términos y las
condiciones que a continuación se detallan, respecto de la propiedad descrita en:

Dirección de calle: _____

Ciudad_____Código Postal: _____Condado: _____

Descripción catastral: _____

_____N° de Identificación Tributaria: _____

junto con todas sus mejoras e ítems anexados, incluyendo accesorios, mobiliario empotrado, electrodomésticos
mayores (incluyendo estufa(s), refrigerador(es), lavaplatos(s), lavadora(s) y secadora(s), _____ (#) ventiladores de
techo (si se deja en blanco, todos los ventiladores de techo), accesorios de iluminación, alfombras de pared a pared,
cortineros, cortinas y otros revestimientos para ventanas a la fecha de la oferta inicial del Comprador. Los únicos
otros ítems que se incluyen en la compra son: _____
_____
_____

Los ítems instalados que se detallan a continuación no están incluidos en la compra: _____
_____

Los bienes muebles e inmuebles descritos anteriormente, conforme se incluyen en la compra, se denominan en el
presente la "Propiedad". Los bienes muebles detallados en este Contrato están incluidos en el precio de compra, no
influyen en el valor de la propiedad y el **Vendedor** los deja por propia voluntad.

2. PRECIO DE COMPRA: US$ _____ serán pagaderos por el **Comprador** en dólares estadounidenses, de la
siguiente manera:

Todos los depósitos serán pagaderos al "Agente de Depósito en Garantía" (*Escrow Agent*)
designado a continuación y tenido en depósito por:
Nombre del Agente de Depósito en Garantía: _____
Dirección del Agente de Depósito en Garantía: _____
Teléfono del Agente de Depósito en Garantía: _____

(a) US$ _____ "Depósito Inicial" (si se deja en blanco se entenderá US$ 0) **(marque si corresponde)**
❑ acompaña la oferta
❑ a ser entregado al Agente de Depósito en Garantía en _____ días (si se deja en
blanco se entenderá 3 días) después de la Fecha de Vigencia.

(b) US$ _____ Depósito adicional a ser entregado al Agente de Depósito en Garantía al más tardar el
_____ o en _____ días (si se deja en blanco se entenderá 10 días) desde la
Fecha de Vigencia.

(c) _____ Financiamiento total (ver Párrafo **3** más adelante) (expresado como un monto en
dólares o un porcentaje)

(d) US$ _____ Otros: _____

El **Comprador** (_____) (_____) y el **Vendedor** (_____) (_____) acusan recibo de una copia de esta página, que es la página 1 de 14.
CRSP13   Rev 3/13   © 2013 FLORIDA ASSOCIATION OF REALTORS®

* **(e)** US$ _____ Saldo para cerrar la transacción (no incluye los gastos de Cierre de la transacción del **Comprador**, gastos pagados por adelantado y gastos prorrateados). Todos los fondos abonados en el momento del Cierre deben pagarse con transferencias bancarias o con otros fondos cobrados.

3. FINANCIAMIENTO: (Marque según corresponda)

* **(a)** ❑ El **Comprador** pagará la Propiedad en efectivo u obtendrá financiamiento para la compra de la Propiedad. Este Contrato no tiene contingencia por financiamiento o por el precio tasado salvo que se especifique aquí lo contrario.

* **(b)** ❑ El **Comprador** solicitará financiamiento ❑ nuevo ❑ convencional ❑ FHA ❑ VA ❑ Otro (especifique: _____

* detallado en el párrafo **2(c)** a la tasa de interés vigente y costos del préstamo basados en la capacidad crediticia del **Comprador** (el "Financiamiento") dentro de los _____ días (si se deja en blanco se entenderán 5 días) posteriores a la Fecha de Vigencia y entregará al **Vendedor** un compromiso escrito de Financiamiento o una carta de aprobación (el "Compromiso") o notificación escrita de que el **Comprador** no puede obtener un compromiso dentro de los _____ días (si se deja en blanco se entenderán 30 días posteriores a la Fecha de Vigencia o 5 días antes de la Fecha de Cierre, lo que ocurra primero) después de la Fecha de Vigencia (el "Período de Compromiso"). El **Comprador** mantendrá al **Vendedor** y al Corredor completamente informados sobre el estado de la solicitud de préstamo, su progreso y cuestiones relacionadas con el Compromiso y autoriza al corredor hipotecario y a la entidad crediticia a revelar dicha información al **Vendedor** y al Corredor. Si el **Comprador**, después de hacer uso de debida diligencia y buena fe, no pudiera obtener un Compromiso y le suministra al **Vendedor** una notificación escrita antes del vencimiento del Período de Compromiso de que el **Comprador** no puede obtener un Compromiso, cualquiera de las partes podrá cancelar el presente Contrato y los depósitos del **Comprador** le serán reembolsados. Si el **Comprador** no le proporciona oportunamente al **Vendedor** notificación por escrito de que el **Comprador** no puede obtener el Compromiso dará como resultado la pérdida de los depósitos del **Comprador** si este no logra cerrar. Una vez que el **Comprador** haga entrega del Compromiso al **Vendedor**, se pierde el derecho a la contingencia del financiamiento y el **Vendedor** quedará facultado para retener los depósitos si no se cierra la transacción en la Fecha de Cierre, salvo que (i) la tasación de la Propiedad se encuentre por debajo del precio de compra y que las partes no puedan ponerse de acuerdo sobre un nuevo precio de compra o el **Comprador** decida no seguir adelante con la transacción, o (ii) las condiciones del Compromiso relativas a la propiedad no han sido satisfechas (salvo cuando tales condiciones sean exoneradas por otras disposiciones de este Contrato), o (iii) el préstamo no tienen financiamiento debido a la imposibilidad financiera de la entidad crediticia del Comprador, o (iv) otra estipulación del presente Contrato disponga la cancelación del mismo.

4. FECHA DE CIERRE; POSESIÓN: Salvo que la Fecha de Cierre sea prorrogada específicamente por el **Vendedor** y el **Comprador** o por cualquier otra disposición de este Contrato, la Fecha de Cierre prevalecerá sobre todos los otros plazos, incluyendo, aunque no de forma taxativa, los plazos de financiamiento e inspección. El Cierre del presente Contrato (el "Cierre") ocurrirá el _____ (la "Fecha de Cierre") a la hora que fije el Agente de Cierre, hora a la cual el **Vendedor** deberá (i) haber retirado todos sus objetos personales y residuos de la Propiedad y haberla limpiado y (ii) deberá haber entregado al **Comprador** la escritura, la posesión y tenencia de la Propiedad, junto con todas las llaves, dispositivos para la apertura de la puerta del garaje y códigos de acceso. Si en la Fecha de Cierre se suspende la suscripción del seguro, el **Comprador** podrá postergar el Cierre hasta 5 días después de que se levante la suspensión del seguro. Si a la Fecha de Cierre no estuviese disponible el financiamiento de la entidad crediticia del **Comprador** debido a los requisitos de notificación de Ley de Veracidad en Préstamos (*Truth in Lending Act*, TILA), el **Comprador** podrá posponer el Cierre hasta por 5 días si fuese necesario para satisfacer los requisitos de notificación de TILA. Si esta transacción no se cerrara, cualquiera fuera el motivo, el **Comprador** deberá devolver de inmediato todo aquello provisto por el **Vendedor.** léase constancias del título de

El **Comprador** (____) (____) y el **Vendedor** (____) (__) acusan recibo de una copia de esta página, que es la página 2 de 14.
CRSP13   Rev 3/13 © 2013 FLORIDA ASSOCIATION OF REALTORS®

5. Notificación del Vendedor

La siguiente es una muestra de la Notificación del Vendedor de la Asociación de Realtors® de la Florida (FAR). Estas formas son creadas por FAR para establecer las responsabilidades de los compradores, vendedores y Realtors®, y sólo están disponibles a los Realtors®. Compartimos este extracto como cortesía para informar a nuestros lectores, y si usted desea ver la forma en su totalidad, puede contactar a un Realtor® de la Florida.

Notice to Licensee: The **Seller** should fill out this form.

Notice to Seller: Florida law[1] requires a seller of a home to disclose to the buyer all known facts that materially affect the value of the property being sold and that are not readily observable or known by the buyer. This disclosure form is designed to help you comply with the law. However, this disclosure form may not address every significant issue that is unique to the Property. You should think about what you would want to know if you were buying the Property today; and if you need more space for additional information, comments, or explanations, check the Paragraph 10 checkbox and attach an addendum.

Notice to Buyer: The following representations are made by **Seller** and **not** by any real estate licensee. This disclosure is not a guaranty or warranty of any kind. It is not a substitute for any inspections, warranties, or professional advice you may wish to obtain. It is not a substitute for your own personal judgment and common sense. The following information is based only upon **Seller's** actual knowledge of the Property's condition. Sellers can disclose only what they actually know. **Seller** may not know about all material or significant items. You should have an independent, professional home inspection to verify the condition of the Property and determine the cost of repairs, if any. This disclosure is not a contract and is not intended to be a part of any contract for sale and purchase.

Seller makes the following disclosure regarding the property described as: _____
_____ (the "Property")

The Property is ☐owner occupied ☐tenant occupied ☐unoccupied (If unoccupied, how long has it been since **Seller** occupied the Property? _____

	Yes	No	Don't Know
1. Structures; Systems; Appliances:			
(a) Are the structures, including roofs; ceilings; walls; doors; windows; foundation; and pool, hot tub, and spa, if any, structurally sound and free of leaks?	☐	☐	☐
(b) Is seawall, if any, and dockage, if any, structurally sound?	☐	☐	☐
(c) Are existing major appliances and heating, cooling, mechanical, electrical, security, and sprinkler systems, in working condition, i.e., operating in the manner in which the item was designed to operate?	☐	☐	☐
(d) Are any of the appliances leased? If yes, which ones: _____	☐	☐	☐
(e) If any answer to questions 1(a) – 1(c) is no, please explain: _____			
2. Termites; Other Wood-Destroying Organisms; Pests:			
(a) Are termites; other wood-destroying organisms, including fungi; or pests present on the Property or has the Property had any structural damage by them?	☐	☐	☐
(b) Has the Property been treated for termites; other wood-destroying organisms, including fungi; or pests?	☐	☐	☐
(c) If any answer to questions 2(a) - 2(b) is yes, please explain: _____			
3. Water Intrusion; Drainage; Flooding:			
(a) Has past or present water intrusion affected the Property?	☐	☐	☐
(b) Have past or present drainage or flooding problems affected the Property?	☐	☐	☐
(c) Is any of the Property located in a special flood hazard area?	☐	☐	☐
(d) Is any of the Property located seaward of the coastal construction control line?	☐	☐	☐
(e) Does your lender require flood insurance?	☐	☐	☐
(f) Do you have an elevation certificate? If yes, please attach a copy.	☐	☐	☐
(g) If any answer to questions 3(a) - 3(d) is yes, please explain: _____			

---

[1] Johnson v. Davis, 480 So.2d 625 (Fla. 1985).

	Yes	No	Don't Know

4. Plumbing:
(a) What is your drinking water source? ☐public ☐private ☐well ☐other

	Yes	No	Don't Know
(b) Have you ever had a problem with the quality, supply, or flow of potable water?	☐	☐	☐
(c) Do you have a water treatment system?	☐	☐	☐

    If yes, is it ☐owned ☐leased?
(d) Do you have a ☐sewer or ☐septic system? If septic system, describe the location of each system: _____

_____

	Yes	No	Don't Know
(e) Are any septic tanks, drain fields, or wells that are not currently being used located on the Property?	☐	☐	☐
(f) Have there been any plumbing leaks since you have owned the Property?	☐	☐	☐
(g) Are any polybutylene pipes on the Property?	☐	☐	☐

(h) If any answer to questions 4(b), 4(c), and 4(e) - 4(g) is yes, please explain: _____

_____

5. Pools; Hot Tubs; Spas:
Note: Florida law requires swimming pools, hot tubs, and spas that received a certificate of completion on or after October 1, 2000, to have at least one safety feature as specified by Section 515.27, Florida Statutes.
(a) If the Property has a swimming pool, hot tub, or spa that received a certificate of completion on or after October 1, 2000, indicate the existing safety feature(s): ☐enclosure that meets the pool barrier requirements ☐approved safety pool cover ☐required door and window exit alarms ☐required door locks ☐none

	Yes	No	Don't Know
(b) Has an in-ground pool on the Property been demolished and/or filled?	☐	☐	☐

6. Sinkholes:
Note: When an insurance claim for sinkhole damage has been made by the seller and paid by the insurer, Section 627.7073(2)(c), Florida Statutes, requires the seller to disclose to the buyer that a claim was paid and whether or not the full amount paid was used to repair the sinkhole damage.

	Yes	No	Don't Know
(a) Does past or present settling, soil movement, or sinkhole(s) affect the Property or adjacent properties?	☐	☐	☐
(b) Has any insurance claim for sinkhole damage been made?	☐	☐	☐
(c) If any insurance claim for sinkhole damage was made, was the claim paid?	☐	☐	☐
(d) If any insurance claim for sinkhole damage was paid, were all the proceeds used to repair the damage?	☐	☐	☐

(e) If any answer to questions 6(a) - 6(c) is yes or the answer to question 6(d) is no, please explain: _____

7. Deed/Homeowners' Association Restrictions; Boundaries; Access Roads:

	Yes	No	Don't Know
(a) Are there any deed or homeowners' restrictions?	☐	☐	☐
(b) Are there any proposed changes to any of the restrictions?	☐	☐	☐
(c) Are there any resale or leasing restrictions?	☐	☐	☐
(d) Is membership mandatory in a homeowners' association?	☐	☐	☐
(e) Are fees charged by the homeowners' association?	☐	☐	☐
(f) Are any driveways, walls, fences, or other features shared with adjoining landowners?	☐	☐	☐
(g) Are there any encroachments on the Property or any encroachments by the Property's improvements on other lands?	☐	☐	☐
(h) Are there boundary line disputes or easements affecting the Property?	☐	☐	☐

(i) Are access roads ☐private ☐public? If private, describe the terms and conditions of the maintenance agreement: _____

_____

(j) If any answer to questions 7(a) - 7(h) is yes, please explain: _____

_____

6. Informe de la Inspección de la Vivienda

Alert Inspection Service, Inc.

Page   of

Name: Inspection #

Inspection Address:

House ☐   Villa ☐   Condo ☐   Other ☐ _____   Approximate Age of the structure: _____

Occupied: Yes ☐ No ☐   Furnished: Yes ☐ No ☐

Weather: Clear ☐   Rain ☐   Other ☐ _____   Temperature: _____

Present at the time of inspection: Buyer   Seller   Realtor   Other

☐ **Inspection of occupied and furnished interiors and garages is limited due to the furniture placement, full closets and stored material in garages and/or other buildings or rooms.**

WATER SUPPLY ON:
All bath and water supply off after inspection: Yes   No   All water supply to appliances set as before inspection: Yes   No
Comments:_____
_____

AIR CONDITIONING:
Temperature setting before inspection: Yes   No   Set temperature after inspection: Yes   No
Comments:_____
_____

APPLIANCES: Oven and electric range off: Yes   No   Dishwasher off: Yes   No   Washing machine and clothes dryer off: Yes No

Comments:_____
_____

ELECTRICAL: All electrical devices off or set as before inspection: Yes   No
Comments:_____
_____

POOL & SPA: Pool equipment set as before inspection: Yes   No
Comments:_____
_____

Smoke detectors, how many? _____   Yes ☐   No ☐   Functional: Yes ☐   No ☐

☐ *The International Association of Fire Fighters (IAFF) is urging households to change more than just smoke alarm batteries. The IAFF also recommends changing to a photoelectric smoke alarm. About 90 percent of homes are equipped with ionization smoke alarms. https://www.iaff.org/comm/press/102908Smoke.htm*

☐ *All Homes with gas appliances should have carbon monoxide detectors installed*

☐ **Although functional at this time (see report), as this report is not a warranty or guarantee, it is strongly recommended that, due to the general condition and/or age of appliances and mechanical components, a home warranty be purchased to safeguard against unforeseen repairs.**

☐ **All repairs involving water intrusion should be checked for mold growth. If mold, mildew, etc., growth exists the proper removal and remediation methods should be utilized to correct the problem.**

COMMENTS: _____
_____
_____
_____

Alert Inspection Service, Inc.

Page   of

Name: Inspection #

Inspection Address: _____

STRUCTURAL

Foundation Type: Monolithic Slab ☐   Foundation Walls ☐   Columns ☐   Column Type: _____
☐ Condition of accessible areas of the foundation: Acceptable ☐   Unacceptable ☐   Approximate Age: _____
Comments: _____

Site Grading: Level ☐   To house ☐   Away from house ☐
☐ *Exterior ground around perimeter of the structure should be graded to allow water to flow away from the structure. Exterior plants and trees should be trimmed so as not to be in contact with the structure, roof. Fencing, wood siding, and trim that are in contact with the ground will promote moisture damage and pest infestation.*
Comments: _____

CRAWL SPACE	Good	Fair	Poor	Not Inspected	Not Present	Comments
Electrical Outlets						
Electrical Switches						
Floors (Type)						
Walls (Type)						
Insulation (Type)						
Ventilation						
Floor Supports						
Floor Decking						

Comments: _____

EXTERIOR TYPE: One Story ☐   Two Story ☐   Other ☐ _____

EXTERIOR WALLS	Good	Fair	Poor	Not Inspected	Not Present	Comments
Masonry						
Wood						
Trim						
Brick/Stone						
Stucco						
Siding (type)						
Settlement Cracks: Yes ☐ No ☐						
Expansion Cracks: Yes ☐ No ☐						
Retaining Walls: Yes ☐ No ☐						

☐ *All settlement cracks should be monitored periodically to insure that further settlement has not taken place as this inspection does not address any future settlement.*
Comments: _____

WINDOWS: Aluminum ☐   Wood ☐   Awning ☐   Jalousie ☐   Single Hung ☐   Other _____
Caulking Required ☐   Repairs Required ☐   *See Itemized Report* ☐
Comments: _____

DRIVEWAY: Concrete ☐ Asphalt ☐ Pavers ☐   Loose Stone ☐ Other_____
WALKWAY: Concrete ☐ Asphalt ☐ Pavers ☐   Loose Stone ☐ Other_____
☐ *All settlement cracks should be monitored periodically to insure that further settlement has not taken place as this inspection does not address any future settlement. .*
Comments: _____
☐ *Structural components, visible and accessible, for inspection are in good condition.*

Rev. 07152011

7. Declaración (HUD-1)

OMB Approval No. 2502-0265

A. **Settlement Statement (HUD-1)**

B. Type of Loan				
1. ☐ FHA 2. ☐ RHS 3. ☐ Conv. Unins.	6. File Number	7. Loan Number	8. Mortgage Insurance Case Number	
4. ☐ VA 5. ☐ Conv. Ins.	BLANK2013			

C. NOTE: This form is furnished to give you a statement of actual settlement costs. Amounts paid to and by the settlement agent are shown. Items marked "(p.o.c.)" were paid outside the closing; they are shown here for informational purposes and are not included in the totals.

D. NAME OF BORROWER:

ADDRESS OF BORROWER:
E. NAME OF SELLER:

ADDRESS OF SELLER:
F. NAME OF LENDER:

ADDRESS OF LENDER:
G. PROPERTY
LOCATION:

H. SETTLEMENT AGENT:
PH# (941) 366-6660
PLACE OF SETTLEMENT:
I. SETTLEMENT DATE:

J. Summary of Borrower's Transaction		K. Summary of Seller's Transaction	
100. Gross Amount Due from Borrower		400. Gross Amount Due to Seller	
101. Contract sales price		401. Contract sales price	
102. Personal property		402. Personal property	
103. Settlement charges to borrower (line 1400)		403.	
104.		404.	
105.		405.	
Adjustments for items paid by seller in advance		Adjustments for items paid by seller in advance	
106. City/town taxes to		406. City/town taxes to	
107. County taxes to		407. County taxes to	
108. Assessments to		408. Assessments to	
109. to		409. to	
110. to		410. to	
111. to		411. to	
112. to		412. to	
120. Gross Amount Due from Borrower		420. Gross Amount Due To Seller	
200. Amounts Paid by or in Behalf of Borrower		500. Reductions In Amount Due to Seller	
201. Deposit or earnest money		501. Excess deposit (see instructions)	
202. Principal amount of new loan(s)		502. Settlement charges to seller(line 1400)	
203. Existing loan(s) taken subject to		503. Existing loan(s) taken subject to	
204.		504. Payoff of first mortgage loan	
205.		505. Payoff of second mortgage loan	
206.		506.	
207.		507.	
208.		508.	
209.		509.	
209a		509a	
209b		509b	
Adjustments for items unpaid by seller		Adjustments for items unpaid by seller	
210. City/town taxes to		510. City/town taxes to	
211. County taxes to		511. County taxes to	
212. Assessments to		512. Assessments to	
213. to		513. to	
214. to		514. to	
215. to		515. to	
216. to		516. to	
217. to		517. to	
218. to		518. to	
219. to		519. to	
220. Total Amounts Paid by or in Behalf of Borrower		520. Total Reductions in Amount Due Seller	
300. Cash at Settlement from/to Borrower		600. Cash At Settlement to/from Seller	
301. Gross amount due from borrower (line 120)		601. Gross amount due to seller (line 420)	

U.S. DEPARTMENT OF HOUSING AND URBAN DEVELOPMENT
SETTLEMENT STATEMENT   PAGE 2

L. Settlement Charges

	Paid From Borrower's Funds At Settlement	Paid From Seller's Funds At Settlement
700. Total Real Estate Broker Fees		
Division of Commission (line 700) as follows:		
701. _____ to _____		
702. _____ to _____		
703. Commission paid at Settlement		
704. _____ to _____		
800. Items Payable In Connection With Loan		
801. Our origination charge $ _____ (from GFE #1)		
802. Your credit or charge (points) for the specific interest rate chosen $ _____ (from GFE #2)		
803. Your adjusted origination charges _____ to _____ (from GFE #A)		
804. Appraisal fee _____ to _____ (from GFE #3)		
805. Credit report _____ to _____ (from GFE #3)		
806. Tax service _____ to _____ (from GFE #3)		
807. Flood certification _____ to _____ (from GFE #3)		
808. _____ to _____		
809. _____ to _____		
810. _____ to _____		
900. Items Required By Lender To Be Paid In Advance		
901. Daily interest charges from _____ to _____ @ _____ /day (from GFE #10)		
902. Mortgage Insurance Premium for _____ months to _____ (from GFE #3)		
903. Homeowner's Insurance for _____ years to _____ (from GFE #11)		
904. _____ years to _____		
905. _____ years to _____		
1000. Reserves Deposited With Lender		
1001. Initial deposit for your escrow account (from GFE #9)		
1002. Homeowner's insurance _____ months@ _____ per month $ _____		
1003. Mortgage insurance _____ months@ _____ per month $ _____		
1004. Property taxes _____ months@ _____ per month $ _____		
1005. Annual assessments _____ months@ _____ per month $ _____		
1006. _____ months@ _____ per month $ _____		
1007. _____ months@ _____ per month $ _____		
1008. _____ months@ _____ per month $ _____		
1009. Aggregate Accounting Adjustment $ <$0.00>		
1100. Title Charges		
1101. Title services and lender's title insurance (from GFE #4)		
1102. Settlement or closing fee $ _____		
1103. Owner's title insurance (from GFE #5)		
1104. Lender's title insurance $ _____		
1105. Lender's title policy limit $ _____		
1106. Owner's title policy limit $ _____		
1107. Agent's portion of the total title insurance premium $ _____		
1108. Underwriter's portion of the total title insurance premium $ _____		
1109. _____ to _____		
1110. _____ to _____		
1111. _____ to _____		
1112. _____ to _____		
1113. _____ to _____		
1200. Government Recording and Transfer Charges		
1201. Government recording charges (from GFE #7)		
1202. _____		
1203. Transfer taxes (from GFE #8)		
1204. _____		
1205. _____		
1206. _____ to _____		
1207. _____ to _____		
1300. Additional Settlement Charges		
1301. Required services that you can shop for (from GFE #6)		
1302. Pest Inspection _____ to _____ $ _____		
1303. Roof Inspection _____ to _____ $ _____		
1304. _____ to _____		
1305. _____ to _____		
1306. _____ to _____		
1307. _____ to _____		
1308. _____ to _____		
1309. _____ to _____		
1400. Total Settlement Charges (enter on lines 103, Section J and 502, Section K)		

CERTIFICATION   DATE
I have carefully reviewed the HUD - 1 Settlement Statement and to the best of my knowledge and belief, it is a true and accurate statement of all receipts and disbursements made on my account or by me in this transaction. I further certify that I have received a copy of the HUD - 1 Settlement Statement.

_____ Borrower   _____ Seller

_____ Borrower   _____ Seller

The HUD-1 Settlement Statement which I have prepared is a true and accurate account of this transaction. I have caused the funds to be disbursed in accordance with this statement.

_____ Settlement Agent   _____ Date

WARNING: It is a crime to knowingly make false statements to the United States on this or any other similar form. Penalties upon conviction can include a fine and imprisonment. For details see: Title 18 U.S. Code Section 1001 and Section 1010.   Page 2 of 3   BLANK2013

8. Contrato para Venta con Derecho Exclusivo de Vender

El siguiente es una muestra del Contrato para Venta con Derecho Exclusivo de Vender de la Asociación de Realtors® de la Florida (FAR). Estas formas son creadas por FAR para establecer las responsabilidades de los compradores, vendedores y Realtors®, y sólo están disponibles a los Realtors®. Compartimos este extracto como cortesía para informar a nuestros lectores, y si usted desea ver la forma en su totalidad, puede contactar a un Realtor® de la Florida.

117 **1.** Dealing honestly and fairly;
118 **2.** Loyalty;
119 **3.** Confidentiality;
120 **4.** Obedience;
121 **5.** Full disclosure;
122 **6.** Accounting for all funds;
123 **7.** Skill, care, and diligence in the transaction;
124 **8.** Presenting all offers and counteroffers in a timely manner, unless a party has previously directed the licensee otherwise in writing;
125 and
126 **9.** Disclosing all known facts that materially affect the value of residential real property and are not readily observable.

127*
128 **Date** _____   **Signature** _____

129 **9. CONDITIONAL TERMINATION**: At **Seller's** request, **Broker** may agree to conditionally terminate this Agreement. If **Broker**
130 agrees to conditional termination, **Seller** must sign a withdrawal agreement, reimburse **Broker** for all direct expenses incurred
131* in marketing the Property and pay a cancellation fee of $_____ plus applicable sales tax. **Broker** may void the
132 conditional termination and **Seller** will pay the fee stated in paragraph 6(a) less the cancellation fee if **Seller** transfers or
133 contracts to transfer the Property or any interest in the Property during the time period from the date of conditional termination
134 to Termination Date and Protection Period, if applicable.
135 **10. DISPUTE RESOLUTION**: This Agreement will be construed under Florida law. All controversies, claims and other matters in
136 question between the parties arising out of or relating to this Agreement or the breach thereof will be settled by first attempting
137 mediation under the rules of the American Arbitration Association or other mediator agreed upon by the parties. If litigation arises out
138 of this Agreement, the prevailing party will be entitled to recover reasonable attorney's fees and costs, unless the parties agree that
139* disputes will be settled by arbitration as follows: **Arbitration**: By initialing in the space provided, **Seller** (____) (____), Listing
140* Associate (____) and Listing **Broker** (____) agree that disputes not resolved by mediation will be settled by neutral binding
141 arbitration in the county in which the Property is located in accordance with the rules of the American Arbitration Association or other
142 arbitrator agreed upon by the parties. Each party to any arbitration (or litigation to enforce the arbitration provision of this Agreement
143 or an arbitration award) will pay its own fees, costs and expenses, including attorney's fees, and will equally split the arbitrators' fees
144 and administrative fees of arbitration.
145 **11. MISCELLANEOUS**: This Agreement is binding on **Broker's** and **Seller's** heirs, personal representatives, administrators,
146 successors and assigns. **Broker** may assign this Agreement to another listing office. This Agreement is the entire agreement
147 between **Broker** and **Seller**. No prior or present agreements or representations will be binding on **Broker** or **Seller** unless
148 included in this Agreement. Signatures, initials and modifications communicated by facsimile will be considered as originals.
149 The term "buyer" as used in this Agreement includes buyers, tenants, exchangors, optionees and other categories of potential
150 or actual transferees.
151* **12. ADDITIONAL TERMS:** _____
152* _____
153* _____
154* _____
155* _____
156* _____
157* _____
158* _____
159* _____

160* Date: _____   **Seller's Signature:** _____   Tax ID No: __ __ __ - __ __ - __ __ __ __
161* Telephone #'s: Home_____   Work_____   Cell_____   Fax_____
162* Address:_____   E-mail:_____
163* Date: _____   **Seller's Signature:** _____   Tax ID No: __ __ __ - __ __ - __ __ __ __
164* Telephone #'s: Home_____   Work_____   Cell_____   Fax_____
165* Address:_____   E-mail:_____
166* Date: _____   **Authorized Listing Associate or Broker:** _____
167* Brokerage Firm Name: _____   Telephone: _____
168* Address: _____

169* Copy returned to **Customer** on the ____ day of _____, ____ by: ☐ personal delivery ☐ mail ☐ E-mail ☐ facsimile.

The copyright laws of the United States (17 U.S. Code) forbid the unauthorized reproduction of this form by any means including facsimile or computerized forms.

170* **Seller** (____) (____) and **Broker/Sales Associate** (____) (____) acknowledge receipt of a copy of this page, which is Page 3 of 3 Pages.

formsimplicity

9. Contrato de Autoridad Exclusiva para Comprar

BUYER BROKER EXCLUSIVE AGREEMENT

THIS BUYER BROKER EXCLUSIVE AGREEMENT (this "Agreement") is made and entered into between:
_____ ("BUYER") and

INVESTMENTS IN SARASOTA ("BROKER").

1. BROKER'S ROLE. BROKER is hereby retained to assist BUYER in acquiring an interest in, or right to use, certain property. BROKER will: (A) consult with BUYER to discuss property requirements, financing alternatives, possession time schedules, financial capabilities, and acquisition and negotiation strategies, (B) assist in obtaining available information of material nature relative to desired properties, (C) make BROKER's best efforts to identify and locate properties suitable to purchase, (D) assist BUYER in presenting and negotiating contract offers on desired properties, and (E) monitor contract and closing deadlines. BUYER understands that other potential buyers may consider, make offers on, or purchase through BROKER the same or similar properties as BUYER is seeking to acquire.

2. BROKERAGE RELATIONSHIP. BROKER has informed and disclosed to BUYER the brokerage relationship between BROKER and BUYER. BROKER's required disclosure notices have been provided to BUYER and the brokerage relationship is
_____

3. BUYER'S ROLE. BUYER agrees to: (A) work exclusively with BROKER during the term of this Agreement and be available to evaluate and/or view properties with BROKER, (B) refer to BROKER all inquiries regarding any potential properties for sale, (C) provide reliable information including financial information necessary for the performance of this Agreement, and (D) provide to BROKER general information regarding location, price range, amenities, and any other information needed to help identify desired properties.

4. TERM OF AGREEMENT. BUYER engages and grants BROKER the exclusive right and authority to negotiate for the purchase or other acquisition of a legal or equitable interest in or right to use the real property identified during the term of this Agreement, which shall commence on _____, 20__ ("Commencement Date") and shall terminate on _____, 20__ ("Termination Date"). If BUYER enters into a contract to purchase any property prior to the Termination Date, this Agreement shall automatically be extended until the closing or termination of said contract for sale. If during the _____ day period after the Termination Date, BUYER enters into a contract to purchase any property identified to BUYER during the term of this Agreement, then BUYER will pay the BROKER's Compensation, and this Agreement shall automatically be extended until the closing or termination of said contract for sale.

5. BROKER'S COMPENSATION. Properties listed in MLS provide for BROKER'S COMPENSATION from the Seller. Should the BUYER purchase a property (such as a For Sale by Owner) that does not have provisions for BROKER compensation, BUYER will compensate BROKER in the amount of ____% of the purchase price of each property purchased by BUYER.

6. HOLD HARMLESS. BUYER acknowledges and agrees that BROKER is not an expert in matters including, but not limited to, law, surveying, structural conditions, engineering, financing and hazardous materials. BUYER acknowledges that BUYER has been advised to seek professional expert assistance and advice in these and other areas of professional expertise. If BROKER provides to BUYER names or sources for such advice and assistance, BROKER acknowledges and agrees that BROKER does not warrant or guarantee the services and/or products. BUYER also agrees to hold BROKER harmless from liability resulting from incomplete and/or inaccurate information provided by BUYER to BROKER. BUYER agrees to indemnify BROKER against all claims, damages, losses, expenses, or liability arising from the handling of earnest money by anyone other than BROKER.

7. FAIR HOUSING/EQUAL OPPORTUNITY. BROKER shall provide the above services and make properties available to BUYER without regard to race, color, national origin, religion, sex, handicap or familial status as well as any other classes protected under the laws of the United States, State of Florida and applicable local jurisdictions.

8. ATTORNEY'S FEES AND COSTS. In connection with any litigation concerning this Agreement, the prevailing party shall be entitled to recover reasonable attorney's fees and court costs from the non-prevailing party, at all trial and appellate levels.

9. SURVIVABILITY. All provisions of this Agreement which by their nature or context require performance or provide rights after the Termination Date of this Agreement shall survive this Agreement.

10. OTHER TERMS AND CONDITIONS.
_____
_____
_____
_____

_____ _____   _____ _____
(Buyer's Signature)   (Date)   (Buyer's Signature)   (Date)

_____   _____
(Buyer's Printed Name)   (Buyer's Printed Name)

Buyer's Mailing Address _____

Buyer's Contact: (Home) _____ (Office) _____ (Cell) _____ (Fax) _____

Email Address _____ Property Telephone _____

_____   _____
(Authorized Broker's Signature)   (Date)

Brokerage Firm Name _____ Licensee's Printed Name _____

NOTAS FINALES

1.   www.eflorida.com/ContentSubpage.aspx?id=52

2.   www.theglobeandmail.com/globe-investor/personal-finance/
     mortgages/hey-aspiring-snowbirds-the-florida-housing-market-could-
     be-rebounding/article10737958/

3.   Source: FloridaRealtors.org National Association of Realtors

4.   business.financialpost.com/2013/01/02/its-not-too-late-to-buy-cheap-
     property-in-the-u-s-sun-belt/?__lsa=6b7c-7d2f

5.   business.financialpost.com/2013/01/02/its-not-too-late-to-buy-cheap-
     property-in-the-u-s-sun-belt/?__lsa=6b7c-7d2f

6.   Canadian Real Estate Wealth Magazine

7.   www.realtytrac.com/trendcenter/trend.html

8.   www.bizjournals.com/bizjournals/on-numbers/scott-thomas/2012/06/
     florida-real-estate-bounces-back-from.html?page=all

9.   www.theglobeandmail.com/globe-investor/personal-finance/
     mortgages/hey-aspiring-snowbirds-the-florida-housing-market-could-
     be-rebounding/article10737958/

10. www.theglobeandmail.com / globe-investor / personal-finance/
     mortgages/hey-aspiring-snowbirds-the-florida-housing-market-could-
     be-rebounding/article10737958/

11. higherlogicdownload.s3.amazonaws.com/SOSRAPB/8a3fa275-2c87-
     4b38-8f56-4bba74a84ce0/UploadedImages/Housing%20Reports%20
     March/052013/05.2013%20PBC_SFH_Summary.pdf

12.   www.deptofnumbers.com/asking-prices/florida/tampa/

13.   www.movoto.com/statistics/fl/fort-myers.htm

14.   www.movoto.com/statistics/fl/cape-coral.htm

15.   www.naplesarea.com/real-estate-news.asp

16.   manausa.com/investment-property-in-tallahassee/

17.   bayappraisal.com/blog/

18.   www.wftv.com/news/news/local/osceola-co-kissimmee-home-prices-skyrocket-above-o/nX7R2/

www.ingramcontent.com/pod-product-compliance
Lightning Source LLC
Chambersburg PA
CBHW060540200326
41521CB00007B/429